13
2

Annette Roeder

DIE KRUMPFLINGE

Ein Freund wie Egon

Annette Roeder

DIE KRUMPFLINGE

Ein Freund wie Egon

Krumpfgute Vorlesegeschichten

Mit Illustrationen von
Barbara Korthues

cbj

Dieses Buch ist auch als E-Book erhältlich.

Verlagsgruppe Random House FSC® N001967

1. Auflage 2018

Vermittelt durch die Literarische Agentur Barbara Küper
Umschlag- und Innenillustration: Barbara Korthues
Serienlogo: Barbara Korthues
Lektorat: Hjördis Fremgen
hf · Herstellung: AJ
Satz und Reproduktion: Lorenz & Zeller, Inning a. A.
Druck: Mohn Media GmbH, Gütersloh
ISBN 978-3-570-17526-2
Printed in Germany

www.cbj-verlag.de

Inhaltsverzeichnis

Das Krumpflingslied

Tief im Keller hinter Schachteln, Ramsch und Besen
leben heimlich kleine grüne Wuschelwesen.
In eine Ecke, in die niemals jemand schaut,
haben sie sich ihre Krempelburg gebaut.

Guck genau hinein –
was mag da alles sein?

Krumpflinge machen Unsinn, stiften Streit.
Krumpflinge! Und Egon Krumpfling ist nicht weit.
Ein kleiner Außenseiter mit dem Herz am rechten Fleck,
geht auf Abenteuerreise, trägt die Neugier im Gepäck.

Rüsselnase, Dummkopf, Brotz und Stinktierzeh –
aus Menschenschimpfe brühen sie sich feinen Tee.
Ist das Essen schimmlig, wird kein Krumpfling maulen
und beim Löffelhockey dürfen alle foulen!

Schau genauer hin –
wer wohnt in der Krumpfburg drin?

Die Krumpflinge machen Unsinn, stiften Streit.
Die Krumpflinge! Und Egon Krumpfling ist nicht weit.
Ein kleiner Außenseiter mit dem Herz am rechten Fleck,
geht auf Abenteuerreise, trägt die Neugier im Gepäck.

Oma Krumpfling ist ihr oberster Bestimmer,
sie hat meistens Recht …

„Nicht meistens – sondern IMMER!“

schickt den Dusselkurt mit dem Müll nach oben,
schimpft unsern Egon, kann nur Schleimer Schorschi loben.

„Ich bin ja auch dein Liebling, Oma, gell?!“

Willst du sie gern alle seh'n?
Dann musst du in den Keller geh'n!

Die Krumpflinge machen Unsinn, stiften Streit.
Die Krumpflinge! Und Egon Krumpfling ist nicht weit.
Ein kleiner Außenseiter mit dem Herz am rechten Fleck,
geht auf Abenteuerreise, trägt die Neugier im Gepäck.

Willst du unser Lied gerne anhören? Hier kannst du mitsingen:
soundcloud.com/hoerverlag/roeder-krumpflings-lied

10

Egon und die Wasserpistole

Das Glöckchen am Turm der Krumpfburg[1] bimmbammelte genau acht Mal, als Egon aufwachte.

„Du darfst gerne noch ein bisschen weiterschlummern, Egon Krumpfling“, sagte Egon zu sich selbst. „Heute ist nämlich Samstag.“

Der kleine Krumpfling liebte das Wochenende, weil er da so lange schlafen konnte, wie er wollte. Er gähnte und kuschelte sich noch tiefer in seinen Schlafsack. Doch plötzlich schreckte er hoch.

„Samstag? Krumpfgütiger Pfannkuchen! Heute ist Samstag und heute ist der Ausflug!“ Er krabbelte schnell aus seinem Schlafsack heraus. „Professor Honigschwamm wird dir die Löffelohren kaninchenlauscherlang langziehen, wenn du nicht pünktlich am Treffpunkt bist!“

Der Lehrer der Krumpflinge hatte an diesem Samstag nämlich Außergewöhnliches vor. Er wollte mit seinen

---

1 Du kennst die Krumpfburg noch nicht? Ab S. 150 werden alle ungewöhnlichen Begriffe vom Lehrer der Krumpflinge genau erklärt!

Schülern die Krumpfburg verlassen, um mit ihnen die Menschenwelt zu erforschen! Solche Ausflüge waren für die Krumpflingsschüler etwas ganz Besonderes. Selbst Egon, der sich beinahe täglich heimlich aus dem Keller schlich und seinen Menschenfreund Albert Artich besuchte, freute sich riesig darauf. Vielleicht würde es ihm gelingen, Albi aus der Ferne zu winken. Wie ein Knallfrosch sprang Egon los. Doch gerade als er sich aus der roten Kindergießkanne mit den weißen Punkten, die ihm Oma Krumpfling als Behausung zugeteilt hatte, hangeln wollte, fiel ihm etwas Wichtiges ein. Bevor er seine Wohnhöhle verließ, musste er seinen Schatz besser verstecken! In der Krumpfburg konnte man sich nie sicher sein, ob einem nicht ein anderer Krumpfling etwas wegstibitzte. Also ließ sich Egon zurück in die Gießkanne fallen. Dort kramte er hastig eine Zündholzschachtel unter seinem Kopfkissen heraus und öffnete sie vorsichtig. Sein Schatz war noch da! Er bestand aus einer ganzen Pfote voller Reißnägel, die Egon unter Frau Artichs Pinnwand in der Küche gefunden hatte. Klein und rund waren sie und vorne spitz wie Egons Hackezähnchen. Das Schönste aber war ihre Farbe: Sie glänzten golden in dem trüben Lichtstrahl, der durch die Tülle fiel.

„Eins, zwei, vier, drei, fünf und sechs", zählte Egon jeden einzelnen Reißnagel. „Konfettikompletti!"

Er schob seine Schatzschachtel wieder zu und sah sich um. Wo sollte er sie nun verstecken? Außer dem angeschlagenen Eierbecher, aus dem er seinen Krumpftee trank, besaß er nicht viel. Doch der Schlafsack, den ihm sein Freund Albi zu Wein-Nachten gefilzt hatte, war ein prima Versteck! Egon stopfte die Streichholzschachtel tief hinein bis zum Fußende. Dann hüpfte er gut gelaunt aus der Gießkanne heraus. Jetzt konnte er den Ausflug zu den Menschen ganz entspannt genießen. Flink wie ein Eichhörnchen kletterte er den Garderobenständer, an dem seine Gießkanne hing, herunter und machte sich auf den Weg. Einen Glupschaugenblick später rollte er auch schon vor das alte Ofenrohr. Hier, beim Eingang der Krumpfburg, hatte sich der Lehrer mit seinen Schülern verabredet.

Genau vor Professor Honigschwamms Plattfüßen kam Egon zum Stehen. Seine Klassenkameraden waren bereits in einem wilden Haufen versammelt und balgten sich.

„Soso", sagte Professor Honigschwamm und schob sich die Brille zurecht. „Da purzelt unser Schlummdumm Egon herbei. Dann kann es endlich losgehen. Endlich."

„Der trutschschnauzige Egon kommt immer zu spät", blökte der schleimige Schorschi und zupfte Professor

Honigschwamm von hinten am Bademantel. „Dafür muss er eine krumpfgemeine Strafe bekommen, gell?"

„Genau", kreischte Lutschki aus dem Gewühl heraus. „Eine Strafe! Herzchenfleck, Fliegendreck, nehmt ihm doch die Decke weg!"

„Herzchenfleck, Fliegendreck. Lutschki, das hast du wundergreulich gereimt, wundergreulich!", sagte Professor Honigschwamm anerkennend.

„Pah!", kreischte Schorschi. „Da kann ich doch viel besser dichten. Herzchenfleck, Wampenspeck, Krumpfburgschreck, Trottelzeck!"

Egon seufzte. Würde das denn niemals aufhören? Seine Mitschüler machten sich über ihn lustig und wurden dafür vom Lehrer auch noch gelobt.

Als ob er sich dieses lindenblattgrüne Herz in seinem spinatgrünen Fell selbst ausgesucht hätte. Kälber kommen doch auch mit komischen Flecken im Fell auf die Welt und keine Kuh lacht darüber!

Professor Honigschwamm strich Schorschi über den Seitenscheitel.

„Sehr, sehr gut, Hans-Georg. Für diese köstlichen Beschimpfungen erhältst du einen Hausaufgabengutschein von mir."

„Krumpfibätsch!" Schorschi sah sich stolz um und streckte Lutschki die Zunge raus. Doch Lutschki kümmerte sich gar nicht darum, sondern versuchte inzwischen, Kniff auf die Pfote zu steigen. Der zwickte ihn aus Rache ins Ohr.

Wenigstens hatte Professor Honigschwamm über die vielen Spottereien vergessen, dass Egon zu spät gekommen war. Er wies die Schüler an, sich der Größe nach aufzustellen. Während sich Zara und Zwurz um den vordersten Platz zankten, weil sie aufs Pelzhaar genau gleich groß waren, trollte sich Egon freiwillig an das Ende der Reihe. Er war der Kleinste in der Klasse, daran würde sich erst etwas ändern, wenn Babykrumpfling Gaga eines Tages in die Schule kam.

Nachdem Professor Honigschwamm Zara und Zwurz nebeneinandergestellt hatte, rief er: „Wie ihr wisst, machen wir heute einen Ausflug hinauf zu den Menschen, um sie genau zu beobachten! Wozu brauchen wir Krumpflinge die Menschen? Wer hat im Unterricht gut aufgepasst?“

Schorschi brüllte sofort: „Wir brauchen Menschen, um Schimpfwörter von ihnen zu ernten und daraus Krumpftee herzustellen!“

„Richtig, wir ernten aus dem großen Duschkopf am Hauptplatz Schimpfwörter von den Menschen, die über uns wohnen. Daraus brühen wir dann Tee“, bestätigte Professor Honigschwamm. „Ohne schmackhaften Krumpftee wäre unser Leben nur halb so lustig. Aber die Menschen können uns auch gefährlich werden, gefährlich. Haltet euch also nah bei mir und macht ausnahmsweise keinen Quatsch.“

Professor Honigschwamm schulterte eine umgebaute Pflasterpackung mit Trageriemen wie einen Wanderrucksack und marschierte los. Die kleinen Krumpflinge folgten ihm tatsächlich ungewöhnlich brav durch das Ofenrohr am Briefkasten der Krumpfburg vorbei nach draußen. Egon achtete darauf, immer genug Abstand zu Fieselise zu halten. Er wusste, dass sie sich gerne einen Spaß daraus machte, unerwartet stehen zu bleiben, damit er auf sie prallte. Nachdem sie die Krumpfburg verlassen hatten, ging es aus dem Kohlenkeller hinaus, die Kellertreppe hinauf bis ins Erdgeschoss der Villa Artich. Aus dem Wohnzimmer drang ein röhrendes Geräusch. Professor Honigschwamm hielt inne. Er stellte die Löffelohren auf und lauschte.

„Zwurz, wie lautet die Krumpflingsregel Nr. 15?“, wollte er wissen.

Zwurz wisperte aufgeregt: „Nähere dich niemals einem Staubsauger! Ist das Röhrgebrumse etwa das Geräusch eines Staubsaugers?“

„So ist es.“ Professor Honigschwamm nickte ernst. „Neben Hunden, Greifvögeln und Rattenfallen sind

Staubsauger unsere gefährlichsten Feinde. Wir machen also besser einen Bogen um das Wohnzimmer und erkunden lieber den Garten, den Garten. Vielleicht treffen wir ja auch dort auf Menschenwesen."

Professor Honigschwamm und seine Klasse hatten Glück. Neben dem Gewächshaus werkelte Herr Artich im Gemüsebeet herum. Dabei unterhielt er sich über den Zaun hinweg mit seinem Nachbarn Herrn Vogelsang. Egon erkannte Albis Vater und den Pa von Lulu Vogelsang schon von Weitem. Er sah sich nach seinem Freund Albi um. Von dem war aber leider nichts zu sehen.

Unter der Führung von Professor Honigschwamm schlichen sich die Krumpflingsschüler lautlos durch die Wiese heran und versteckten sich zwischen den großen Blättern einer Rhabarberpflanze. Da sie allesamt grün waren, fielen sie nur einer Amsel auf, die erschrocken davonflatterte. Egon linste zwischen Wobbel und Schorschi hindurch und beobachtete die beiden Männer.

„Ich verstehe das nicht“, sagte Herr Artich zu Herrn Vogelsang. „Deine Tomaten sind viel größer als meine. Dabei habe ich ein Fachbuch über Gemüsegärtnerei gelesen. Wie empfohlen, dünge und spritze ich meine Pflanzen mit selbst gegorener Brennnesseljauche.“

Er zeigte auf einen Eimer voller stinkender brauner Brühe. Daneben lag ein Drucksprühgerät. Tatsächlich hingen an seinen Tomatenpflanzen aber nur Früchte, die gerade mal so klein wie Haselnüsse waren. Die Pflanzen von Herrn Vogelsang bogen sich dagegen unter tennisballgroßen Tomaten.

Herr Vogelsang lachte und rief: „Bei dem Gestank würde ich auch nicht wachsen, Bertram! Ich singe meinen Pflanzen lieber vor, als sie zu düngen. Horch mal!“ Er begann lauthals einen italienischen Schlager zu schmettern. „Viva la pappa col pommopommodoro!“

„Hör auf, das ist doch lächerlich. Die Wirkung von Musik auf Pflanzen ist wissenschaftlich nicht nachweisbar!“

„Na, dann singe ich eben meinem Komposthaufen vor.“

Herr Vogelsang nahm die Schubkarre und zog pfeifend davon. Unwillig winkte Herr Artich ihm nach. Dabei fiel ihm seine Gartenschere herunter und brach eines der mickrigen Tomätchen ab. Herr Artich wollte sich danach bücken und stieß mit der Stirn gegen die Pflanzstange.

„Schei … nwerfer!“, rief er wütend.

Ein paar Krumpflingsschüler kicherten schadenfroh los, bis Professor Honigschwamm sie durch ein Pfotenzeichen zum Schweigen brachte. Er flüsterte: „Aufgepasst, das ist interessant! Hier haben wir ein sehr seltenes Menschenwesen, sehr selten. Selbst bei allergrößtem Ärger kann es nicht ordentlich schimpfen. Für uns Krumpflinge ist diese Art von Mensch Zeitverschwendung. Denn nur sehr begabte Krumpflinge können von ihnen in Ausnahmefällen Schimpfwörter für Krumpftee ernten."

„Genau. Nämlich solche Geschicktheinzel wie ich." Schorschi zeigte mit der Daumenkralle auf sich. „Ich habe diesen Herrn Artich schon zu richtig schlimmen Schimpfereien gebracht. Damals, als die Artichs neu über uns im Haus eingezogen sind, gell?"

Bei diesen Worten grinste er Egon frech an. Der traute seinen Löffelohren nicht. Das war eine glatte Lüge! Er, Egon, war es doch gewesen, der sich als einziger freiwillig gemeldet hatte, als die Sippe aus der großen Teekrise gerettet werden musste! Aber offensichtlich hatte selbst Professor Honigschwamm Egons Heldentat inzwischen vergessen.

„Das stimmt, Hans-Georg, stimmt!", bestätigte er. „Ich erinnere mich, dass du damals die krumpfgeniale Idee hattest, diese listenlangweilige Familie Artich zum Stänkern zu bringen."

Jetzt konnte Egon nicht mehr an sich halten.

„Schorschi hatte vielleicht die Idee, aber ich hab's gemacht! Ich ganz allein habe bei den Artichs für Stunk gesorgt."

„Blödgeplapper", entgegnete Schorschi abfällig. „Das würde sich unser herzgefleckter Angstschnauzi nie trauen, gell? ICH war das."

„Nein, ICH war es!", beharrte Egon auf seinem Recht.

„Das musst du erst mal beweisen, gell?" Schorschi gab nicht nach.

Egon schnappte nach Luft über so eine Ungerechtigkeit. Hätte er damals nicht allen Mut zusammengenommen und wäre nach oben gezogen, um die Artichs zum Schimpfen zu bringen, dann wäre er jetzt gar nicht mit Albi befreundet. Dann würde Albi nicht jedes Mal beim Zähneputzen durch den Ausguss Schimpfwörter für die Krumpflinge im Keller rufen und die Teevorratsdose von Oma Krumpfling wäre leer! Aber das konnte er natürlich nicht als Beweis anbringen. Seine Freundschaft mit Albi war von Anfang an geheim gewesen und musste es auch bleiben. Wenn herauskäme, dass er sich heimlich mit einem Menschenkind traf, würde Oma Krumpfling Egon bestimmt lebenslänglich Gießkannenarrest verpassen. Eine der wichtigsten Krumpflingsregeln lautete schließlich: Zeige dich nie einem Menschen! Egon musste also eine andere Möglichkeit finden, damit ihm seine Klassenkameraden glaubten.

„Dann mach ich's eben nochmal!", schrie er wütend. „Ich bringe Herrn Artich noch einmal zum Schimpfen. Schaut gut zu, ihr Dummtropfnasen!"

Professor Honigschwamm versuchte, ihn am Pelz zu packen, aber Egon war schneller. Es witschte unter dem Rhabarberblatt heraus, wuselte im Slalom zwischen den Tomatenpflanzen hindurch, stürzte sich auf das Drucksprühgerät, richtete die Stange mit dem Brausekopf auf Herrn Artich und hüpfte mit seinem ganzen Gewicht auf den Hebelgriff! Es funktionierte. Ein dichter Schauer Brennnesseljauche regnete Herrn Artich über die Haare und die Wange und am Hals entlang in den Kragen hinein. Gleich darauf wieselte Egon unbemerkt zurück zu den anderen unter das Rhabarberblatt. Selbst für unempfindliche Krumpflingsschnauzen war der Gestank furchtbar. Faulige Stinkefußsocken gefüllt mit Handkäse wären ein duftiges Parfum dagegen gewesen! Herr Artich wischte sich die Brühe aus dem rechten Auge und schrie: „Verflixtomate, welches fiese Ferkel war das?"

„Krumpfhussassa!“ Egon jauchzte auf, weil er so eine schöne Schimpferei bewirkt hatte.

Auch Professor Honigschwamm wirkte ganz überrascht. „Bemerkenswerte Leistung, Egon!“, rief er erfreut. „Dafür bekommst du beim Picknick gleich eine Extraportion Krumpftee.“

Schorschis grünes Fell wurde um die Schnauze gelb vor Neid. Egon spürte ein wohliges Glück unter seinem Pelz kribbeln. So hatte ihn der Lehrer noch nie gelobt.

Doch nun brüllte Herr Artich: „Albert, was fällt dir ein? Du hast deinen Vater mit aasglibbriger Gammelbrühe angespritzt! Das gibt Ärger! Zieh dich warm an!“

Überrascht sah sich Egon um. Etwas weiter hinten bei den Johannisbeerbüschen kam sein Freund Albi mit einer Wasserpistole in der Hand näher. Er schaute ganz verwundert.

„Ich wollte doch nur Herrn Vogelsang fragen, ob Lulu später Zeit zum Spielen hat“, sagte er freundlich. „Ich verstehe gar nicht, warum du so böse bist, Papa.“

„Ach du krumpfgütiger Himmel!“, wisperte Egon.

Der Krumpfling verstand natürlich sofort, was passiert war: Genau in dem Moment, in dem er Herrn Artich mit der stinkigen Brennnesseljauche vollgespritzt hatte, war sein Freund Albi um das Gewächshaus herum gekommen. Und unglücklicherweise hatte der auch noch seine neue Wasserpistole dabei!

Albi kam näher zu seinem Vater und deutete auf dessen Kopf. „Du hast da übrigens was Braunes am Hals und in den Haaren." Plötzlich rümpfte er die Nase. „Puh. Das riecht aber nicht sehr gut."

„Tu nicht so unschuldig!" Herr Artich zog Albi die Wasserpistole aus der Hand und fuchtelte ihm damit vor dem Gesicht herum. „Das hier ist der eindeutige Beweis für deine schändliche Untat. Du hast mich absichtlich angespritzt."

„Nein, Papa!", protestierte Albi. „Das habe ich nicht getan. Ich hab die Wasserpistole an der Regentonne aufgeladen, aber noch nicht abgedrückt."

„Wenn du jetzt auch noch anfängst zu lügen, du heimtückisches Brühenbürschchen, kannst du gleich in dein Zimmer gehen und dort bleiben." Herr Artich war wirklich sehr wütend. Er steckte die Wasserpistole in seine Schürzentasche. „Die ist ein für alle Mal weg. Und zur Strafe bekommst du heute kein Eis!"

Jetzt wurde aber auch Albi sauer. Das war doch zu ungerecht!

„Lieber gehe ich in mein Zimmer, als mit dir pestdampfendem Pappnasenpapa im Garten zu sein. Das ist sowas von giftzwergziegengemein."

Er drehte um und rannte zurück ins Haus.

Die Krumpflinge sahen Albi mit offenen Mäulern nach. Dieser Junge versorgte sie regelmäßig mit Schimpfwörtern. Doch solche Leckereien waren immer noch eine Ausnahme. Glupschinella schielte Egon an und presste ihre Pfoten an die Brust.

„Oh Egon, das war krumpfgenial von dir, wie du die beiden Artichs gerade zum Schimpfen gebracht hast. Willst du vielleicht mal meine Trockenpilzsammlung ansehen? Ich habe schon zwei schwarze Pfifferlinge!"

Aber Egon interessierte sich nicht für Glupschinella und ihre Pilze. Er sah mit aufgerissenen Glupschaugen Albi hinterher. Sein kleines Krumpflingsherz zog sich vor Mitleid und Scham schmerzlich zusammen. Nur weil er vor seinen Klassenkameraden angegeben und Herrn Artich geärgert hatte, saß sein Freund Albi jetzt in seinem Zimmer und bekam kein Eis! Das durfte Egon nicht zulassen! Aber was konnte er gegen diese Ungerechtigkeit tun? Da kam ihm ein blitzgescheiter Gedanke. Er musste nur geduldig abwarten, bis sie wieder in der Krumpfburg waren. Wenn dann die Nickerchen-Glocke zweimal klingelte und sich alle zum Mittagsschlaf in ihre Wohnhöhlen zurückzogen, wollte sich Egon heimlich nach oben stehlen und seinen Freund Albi besuchen. Und zum Trost würde er ihm eine Riesenüberraschung mitbringen!

Albi staunte nicht schlecht, als am frühen Nachmittag sein liebster Freund ins Zimmer keuchte. Denn Egon hatte wirklich eine Riesenüberraschung im Gepäck. Auf dem Weg nach oben war er nämlich im Vorratskeller an Artichs Gefrierschrank vorbeigehopst. Mit einiger Mühe und einem Schraubenzieher war es ihm gelungen, die Tür aufzuhebeln. Dann hatte er die gesamten Vorräte an Eis herausgeworfen, in einen Putzlappen geknotet und dieses Paket hinter sich her bis in den ersten Stock der Villa Artich geschleift. Neun Eis am Stiel sind ganz schön schwer für einen kleinen Krumpfling. Aber für Albi scheute Egon keine Mühe! Völlig außer Atem wickelte er das Eis aus. Bollenstolz bot er es dann seinem Freund an: „Möchtest du Zitronuss, Schokonille oder Vanilade? Greif zu! Das ist alles für dich.“

„Kann man einen besseren Freund als dich

haben?“ Albi hob Egon auf die Hand und streichelte zärtlich seinen Haarschöppel. „Als hättest du geahnt, wie ungerecht mein Papa vorhin zu mir war!“

Egon blinzelte unter seinem Haarschöppel hervor. Natürlich wusste er, wie ungerecht Herr Artich gewesen war. Und natürlich wusste er auch warum. Damit Albi seine Verlegenheit nicht bemerkte, forderte Egon ihn auf: „Schlabber schnell dein Eis, Albi, sonst schmilzt es.“

Das ließ sich Albi nicht zweimal sagen. Aber er aß das Eis nicht alleine auf. Sein bester Freund sollte natürlich auch genug davon abbekommen! Gemeinsam mit einem Krumpfling neun Eis am Stiel zu verputzen, kann sehr lustig sein: Erst fütterten sich Egon und Albi gegenseitig. Dann probierten sie aus, welche Sorte mit geschlossenen Augen und zugehaltener Nase am besten schmeckt. Und zuletzt veranstalteten die beiden noch ein Wettschlecken. Dabei sabberte Egon sich das Fell voller Vanilleeis und Albis Backen waren bis zu den Ohren mit Schokolade verschmiert. Da mussten

sie so kichern, dass ihnen das Eis wieder aus dem Mund spritzte. Ein herrlicher Nachmittag war das!

Nachdem sie alles ratzebutz aufgegessen hatten, durfte sich Egon in Albis ferngesteuertes Auto setzen, das Lieblingsspielzeug der beiden Freunde. Geschickt lenkte Albi Egon im Wagen im Slalom zwischen Eisstielen und Eispapierfetzen hindurch. Plötzlich hörten sie schwere Schritte im Treppenhaus.

„Auweikrumpf! Eltern-Alarm!“, schrie Egon und sprang mit einem Satz vom Fahrersitz auf das Regalfach, in das Albi seine grünen Bücher sortiert hatte. Dazwischen konnte er sich leicht verstecken. Und das war gut, denn kaum hatte sich der kleine Krumpfling neben Albis Freundschaftsbuch verkrümelt, kam tatsächlich Bertram Artich herein. Er trug ein frisches Hemd und duftete nach Seife.

„Du darfst wieder herunterkommen, Albispatz“, sagte er. „Ich bin jetzt nicht mehr böse. Das war bestimmt nur ein unüberlegter Bubenstreich von dir. Ein heißer Sommertag ohne Eis ist dafür Strafe genug.“ Er runzelte die Augenbrauen. „Aber was hast du denn im Gesicht? Ist das etwa Schokolade?“ Dann entdeckte er die Eispapiere und Eisstängel auf dem Boden. „Ich habe dir verboten, ein Eis zu essen, weil du ungezogen warst. Und du holst dir einfach heimlich das ganze Eis aus der Tiefkühltruhe. Wie erklärst du mir das?“

Albi erschrak. Als Egon mit dem Eis aufgetaucht war, hatte er sich riesig gefreut und nicht weiter darüber nachgedacht. Jetzt wollte er seinen Papa nicht anlügen. Aber die Wahrheit konnte er doch auch nicht sagen! Albi würde seinen Freund Egon niemals verraten. Nicht einmal für alle Eissorten der Welt. Darum presste er die Lippen aufeinander und sagte gar nichts.

„Du schweigst? Das nehme ich als Geständnis deiner Schuld. Ich weiß wirklich nicht, was heute in dich gefahren ist“, sagte Herr Artich kopfschüttelnd. „Erst die Sache mit der Wasserpistole und jetzt das. Anscheinend hast du unser Familienmotto vergessen. Wir heißen Artich …“

„… und sind artig!“, vollendete Albi sofort den Satz. Dann fiel ihm wieder ein, dass Egon gerade neun Eis am Stiel gestohlen hatte und er verbesserte sich schnell: „Also, fast immer sind wir artig!“

„Bis aus ‚FAST immer sind wir artig‘ wieder ein ‚IMMER sind wir artig‘ wird, nehme ich das hier an mich.“ Herr Artich hob Albis ferngesteuertes Auto aus dem Verhau am Boden. „Du bekommst dein Auto wieder, wenn du mir ausreichend bewiesen hast, dass du wirklich artig sein kannst.“ Ohne ein weiteres Wort marschierte er aus dem Kinderzimmer.

„OHA!“ Mit einem Schrei der Empörung hopste Egon aus dem Regal. „Das Auto hat dir das Christkind geschenkt, ich war selbst dabei! Dein blöder Pipipapa kann es uns doch nicht einfach wegnehmen!“

Albi ließ die Schultern hängen. „Doch. Eltern dürfen das“, sagte er leise.

Egon war eigentlich ein Krumpfling, der nicht leicht zornig wurde. Meistens hatte er Verständnis für jeden. Aber wenn jemand seinen Freund Albi gemein behandelte, dann platzte ihm schon mal das Kragenfell. „Das riecht nach Rache!“, zischte er und raste los.

Egon sprang geradewegs aus dem geöffneten Fenster, kletterte die Efeuranken hinunter und sprintete über den Rasen zu Herrn Artichs Gemüsebeeten. Dort stürzte er sich auf die Tomaten.

„Ihr krümpeligen Mickerlinge“, sagte er. „Euch mach ich alle kaputt! Alle!“ Mit seinen Hackezähnchen biss Egon in jede der Tomaten ein großes Loch. Die unreifen Tomaten waren noch ganz sauer und schmeckten dem kleinen Krumpfling sogar richtig gut. Als er mit der Verwüstung fertig war, rieb er sich die Pfoten. „Ha! Albis Papa wird dummgugelige Gesichter schneiden, wenn er seine Matschomaten sieht!“

Zufrieden berichtete er gleich darauf Albi von seinem Werk. Er dachte, sein Freund würde ihn für seine Racheaktion loben wie Oma Krumpfling oder Professor Honigschwamm. Doch da hatte sich Egon gründlich getäuscht. Albi war nicht stolz auf ihn, sondern völlig außer sich.

„Bist du denn total übergeschnappt?“, schimpfte er Egon.

Der Krumpfling riss verwundert die Glupschaugen auf. Die Menschen zu verstehen, war wirklich nicht einfach!

„Diese Miniwutztomaten habe ich nur für dich zermatschert. Weil …“, er wurde vor Verlegenheit hellblau um die Nase und begann zu stottern. „… weil ich dich doch lieb habe.“

Als Albi das hörte, schaute er gleich nicht mehr so streng. Egon hatte es wirklich nur gut gemeint.

„Aber Egon, es ist nicht klug, eine Gemeinheit mit einer anderen Gemeinheit zu beantworten! Das wird nur immer schlimmer!“, erklärte er. „Jetzt denkt mein Papa, dass ich seine Tomaten kaputt gemacht habe und als Nächstes bekomme ich Fernsehverbot. Oder ich darf mich nicht mehr mit Lulu treffen. Der Schlauere hört auf, Egon!“

Egon legte den Kopf schief und schielte nachdenklich. Ja, das klang einleuchtend. „Und wie entschlimmern wir den ganzen Schlammassel jetzt wieder?“

„Zu spät“, antwortete Albi. „Die Tomaten sind hin. Wir können schlecht neue malen und an die Pflanzen kleben.“

Doch Egon klatschte begeistert in die Pfoten und rief: „Du Schlauwieschlawiner!

Das ist ja schon die Lösung! Wir können Tomaten nicht malen und drankleben. Das merkt dein Papa, so dumbeldumm ist er nicht. Aber wir können echte Tomaten holen und dranbinden!“ Als Albi nicht gleich verstand, sprang Egon auf und zog seinen großen Freund am kleinen Finger, damit er mitkam. „Schnell, Albi, schnell, bevor dein Papa das Egonelend bemerkt. Wir laufen zu Lulu und fragen, ob wir aus dem Beet von ihrem Vater Tomaten bekommen.“

Egon kannte Lulu Vogelsang durch Albi. Sie war eine gute Freundin des Jungen, ging in dieselbe Klasse und wohnte direkt nebenan. Der Krumpfling wusste von vielen Treffen, dass man sich auf sie verlassen konnte! Und er hatte sich nicht getäuscht.

„Klarometer könnt ihr Tomaten von meinem Pa haben. Ich mag eh kein rotes Gemüse!“, rief Lulu, als sie von Albis Problem hörte. Sie rannte sofort zu den Beeten und kam mit dem Rock voller großer roter Tomaten zurück. „Das sind alle, die wir haben!“

Dann begleitete sie Egon und Albi in die Villa Artich und half ihnen, an die Stengelchen grüne Bindfäden zu knoten. Jetzt konnte die Tomaten-Zauberei beginnen! Die Gelegenheit war günstig …

Frau Artich hatte fertig gesaugt und bereitete inzwischen in der Küche Teig für Zimtschnecken vor. Herr Artich rief ihr über den Lärm der Rührmaschine zu, dass er kurz im Gartenmarkt etwas besorgen müsse. Nachdem er die Haustür hinter sich geschlossen hatte, schlichen sich Lulu, Albi und Egon zum Gemüsebeet. Die angebissenen Matsch-Tomaten durfte Egon ganz aufessen. Stattdessen befestigten sie Herrn Vogelsangs Tomaten an Herrn Artichs Tomatenpflanzen. Es war gar nicht einfach, so kleine Knoten zu knüpfen, aber besonders Egon hatte geschickte Pfoten!

Als sie fertig waren, schlug Albi vor: „Wir verstecken uns zwischen den Johannisbeerbüschen. Dann können wir beobachten, was mein Papa sagt, wenn er die Riesen-Tomaten entdeckt!“

Die Kinder und der grüne Krumpfling verschwanden zwischen den Zweigen. Kurz danach kam tatsächlich Herr Artich zurück. Er trug seine Gärtnerschürze und ein großes Paket Schneckenkorn unter dem Arm.

„Diese schleimigen Vielfraße werden meine Pflänzlein nicht mehr anknabbern. Jetzt verteile ich Schneckenkorn“, murmelte er vor sich hin. Dabei öffnete er die Schachtel. „Biologisch und unschädlich für Nutztiere.“ Er wollte unter die erste Tomatenpflanze Schneckenkorn streuen. Da hielt er plötzlich inne und fasste vorsichtig an eine der aufgehängten Tomaten. „Was ist denn das? Meine Tomaten waren doch gerade noch miniklein und ganz zerlöchert. Und jetzt sind sie groß, rund, rot, glatt und ganz! Alle ohne einen einzigen Schneckenbiss!“

Er kratzte sich am Kopf und sah sich verwundert um. Auf die Johannisbeerbüsche schaute er ziemlich lange. Egon, Albi und Lulu hielten die Luft an. Hoffentlich entdeckte Herr Artich sie nicht!

Der grinste plötzlich breit, sprang auf und rief Richtung Haus: „Rosalie, komm schnell raus! Ein Wunder ist geschehen!“

Egon grinste von einem Löffelohr zum anderen. Alles lief noch besser als gut! Herr Artich hatte die kaputten Tomaten zwar schon entdeckt gehabt. Aber er hatte gar nicht Albi, sondern die Schnecken verdächtig. Und jetzt freute er sich über die tollen neuen Tomaten! Schon trabte Albis Mutter herbei und beäugte die wundersame Tomatenheilung.

„Unglaublich!“, rief sie. „Wie kann denn so etwas passieren?“

„Vielleicht waren es die Heinzelmännchen!“, antwortete Herr Artich und zwinkerte.

„Heinzelmännchen? Die möchte ich zu gerne einmal sehen!“ Frau Artich sah sich suchend um.

„Das ist ganz einfach!“, erklärte Herr Artich lachend. „Heinzelmännchen werden nämlich sichtbar, wenn man sie nass macht!“

Mit einer blitzschnellen Bewegung zog er Albis Wasserpistole aus der Schürzentasche und zielte auf die Johannisbeerbüsche. Genau dorthin, wo sich die Kinder und der Krumpfling versteckt hielten. Ein kalter Wasserstrahl traf Albi am Ohr. Er quietschte auf und rannte aus der Deckung.

„Siehst du!“, rief Herr Artich. „Da ist schon das erste Heinzelmännlein!“

Die nächste Ladung galt Lulu. Aber Herr Artich zielte daneben und erwischte Frau Artich.

„Bertram, wir heißen doch Artich!“ Prustend wischte sie sich das Wasser aus dem Gesicht.

„Und sind fast immer artig!“, rief Herr Artich glucksend und drückte noch einmal ab. Da schoss Rosalie Artich auch schon zurück. Und zwar mit dem Gartenschlauch! Weil das keine faire Waffe war, schlug sich Albi auf die Seite seines Papas. Er machte allerdings einen Bogen um die stinkende Brennnesseljauche und brachte ihm lieber die Gießkanne mit Regenwasser zum Nachladen. Doch statt Rosalie traf

Herr Artich jetzt Lulu, die gerade auf allen vieren in Sicherheit krabbeln wollte. Lulu war nicht zimperlich und antwortete, indem sie direkt aus der Regentonne Wasser schaufelte. In den warmen Sonnenstrahlen schimmerte ein Regenbogen auf.

Innerhalb kürzester Zeit waren die Artichs und Lulu in eine herrliche Wasserschlacht verwickelt. Alle prusteten und lachten! Streit und falsche Verdächtigungen versickerten im Boden wie Regenwasser. Und wenn sie durch den Spaß nicht so abgelenkt gewesen wären, dann hätten Albis Eltern auch seinen besten Freund Egon entdeckt. Denn der Krumpfling hüpfte wie ein grüner Frosch durch die Wasserschauer und quiekte vor Glück!

Egon und der doofe Dackel

An diesem Tag mussten die Krumpflinge in der Schule „Zum-eigenen-Vorteil-Rechnen“ üben. Da lernten die Schüler, wie man Rechnungen so verdreht, dass man selbst immer am meisten besitzt. Dieses Fach mochte Egon genauso wenig wie die anderen Fächer in der Krumpflingsschule. Er war einfach zu lieb, um ein guter Krumpfling zu sein!

„Dallidampf, Egon, weißt du die Lösung oder nicht?“, fragte Professor Honigschwamm. Egon schreckte auf. Beinahe wäre er dabei von seinem Hocker, einer kleinen Tomatenmarkdose, gepurzelt. Er hatte dem Lehrer überhaupt nicht zugehört, sondern an den Nachmittag gedacht. Egon freute sich schon riesig darauf, denn er war mit seinem Freund Albi und dem Nachbarmädchen Lulu Vogelsang verabredet. Gerade hatte er sich überlegt, was sie zu dritt gut spielen konnten. „Seilbahn!“, sagte er.

Seine Klassenkameraden lachten. Nur Professor Honigschwamm fand die Antwort von Egon gar nicht komisch.

„Ich wiederhole meine Frage ein letztes Mal, ein letztes Mal. Was hast du in der Pfote, wenn du Wobbel zwei Euro klaust und dir Grims dann einen Euro wegnimmt?“, fragte er. „Etwa eine Seilbahn?“

Egon betrachtete nachdenklich seine Pfoten. „Schmutzkrümel?“, fragte er unsicher. Die anderen lachten noch lauter. Professor Honigschwamm blähte seine Backen auf wie ein Ochsenfrosch.

„Jetzt weiß ich es!“, rief Egon, bevor sein Lehrer vor Wut platzte. „Ich würde Wobbel gar nicht zwei Euro klauen. So gemein bin ich nämlich nicht!“

„Wie wahr. Leider bist du nicht gemein, sondern ein hoffnungsloser Fall, Egon Krumpfling, hoffnungslos.“ Seufzend wandte sich der Professor dem schleimigen Schorschi zu. Der war der Klassenbeste und quakte ungefragt los: „Wenn ich zwei Euro stehle und mir einer geklaut wird, dann habe ich genau einen Euro in der Pfote, gell?“

„Tadellos gerechnet, Hans-Georg!“, lobte Professor Honigschwamm.

In diesem Moment schoss der Kuckuck aus dem Uhrengehäuse und rief zwölf Mal. Das war das Zeichen, dass der Unterricht zu Ende war. Professor Honigschwamm verabschiedete sich von seinen Schülern.

„Ihr habt alle krumpfgut gerechnet und deswegen bekommt ihr heute keine Hausaufgaben. Nur unser Dummtrum Egon schreibt mir bis morgen einen Aufsatz darüber, was er mit einem Euro anfangen würde.“

Egon verkrümelte sich schnell in seiner roten Kindergießkanne mit den weißen Punkten. Er nagte auf dem Radiergummi an seinem Bleistift und drehte das Papierstück in alle Richtungen. Aber so sehr er auch überlegte, es fiel ihm einfach nichts ein, wofür man einen Euro verwenden konnte. Die Frage war auch zu blöd!

„Als ob du jemals so viel Geld besitzen wirst, Egon Krumpfling“, sagte er zu sich selbst. „Unser Professor Honigschwamm hat wirklich nichts als schillbillrige Seifenblasen in seinem Kugelkopf. Genug gedacht! Was du später kannst besorgen, mach später oder besser morgen.“

Er schleuderte seinen Bleistiftstummel gegen die Gießkannenwand. Dann turnte er aus der Öffnung und sah sich um. Die Krumpfburg lag still unter dem Garderobenständer. Alle Krumpflinge hatten sich, wie üblich zur Mittagszeit, in ihre Wohnhöhlen zurückgezogen. Aus Oma Krumpflings Schlafhandtasche dröhnte lautes Schnarchen. Der Zeitpunkt war perfekt, um sich unbemerkt davonzustehlen!

Albi erwartete Egon schon ungeduldig in seinem Kinderzimmer. „Gut, dass du endlich da bist!", begrüßte er ihn. „Lulu hat gerade angerufen. Ihr Pa hat einen Termin beim Zahnarzt und sie muss bei ihrem Bruder Bruno bleiben. Wir sollen rüberkommen und bei den Vogelsangs spielen."

„Das ist aber pudelpupsblöd", sagte Egon enttäuscht. „Ich habe mich schon so darauf gefreut, mit dir und Lulu die Seilbahn aufzubauen. Ihr sollt mich damit durchs Zimmer bis auf den Schrank kurbeln!"

„Mit der Seilbahn spielen wir eben das nächste Mal. Zwei Freunde wie wir können doch überall Spaß haben, oder?" Albi hielt die Kapuze seines Pullis für Egon auf. Darin konnte der kleine Krumpfling ungesehen überallhin mitreisen, was sich schon oft bewährt hatte. Egon zögerte kurz, dann sprang er auf die Schulter seines Freundes und kroch in die Kapuze. Aber zufrieden war er mit der Planänderung nicht. Zur Sicherheit fragte er noch einmal: „Kann der Bruno sich wirklich nicht selber babysittichen?“

„Nein, er ist noch kein Schulkind“, erklärte Albi. „Und Bazi soll auch nicht so lange alleine bleiben!“

„AAAAIOIIUI!“ Kreischend hüpfte Egon wieder aus Albis Kapuze heraus. „Ist dieser dummnussdoofe Dackel von Vogelsangs etwa auch da?“

Albi verdrehte nun doch etwas entnervt die Augen.

„Natürlich, was denkst du denn. Herr Vogelsang kann ja schlecht einen Hund mit zum Zahnarzt nehmen. Hunde sind in Arztpraxen verboten.“

„Hunde gehören überhaupt verboten“, antwortete Egon grimmig. „Du weißt genau, dass ich diese Stinkeviecher nicht mag. Krumpflingsregel Nummer 4 lautet: Geh Hunden aus dem Weg! Wir sollten also nicht zu Vogelsangs gehen.“

„Die Krumpflingsregel 4 gilt bestimmt nur für große, wilde Hunde. Vogelsangs kleiner alter Dackel ist völlig harmlos. Der schläft doch den ganzen Tag in seinem Körbchen.“ Albi kniete sich zu Egon auf den Boden und streckte ihm die Hand hin. „Bazi würde dich nie schnappen! Und wenn ich bei dir bin, kann dir sowieso nichts passieren. Jetzt komm bitte mit, Egon!“

Aber Egon ließ sich nicht überzeugen. Seine Angst vor Hunden war viel zu groß. Er verschränkte die Pfoten vor dem Herzchenfleck auf seiner Brust. „Nieundnimmerniemalsnicht. Keine Kralle setze ich über die Türschwelle von Vogelsangs, wenn diese muffelige Knackwurst da ist!“

Da gab Albi auf. „Dann musst du eben hierbleiben. Wenn du deine Meinung noch änderst, kannst du ja nachkommen.“

Er öffnete das Fenster. Sofort waberte der rauchige Geruch von Holzkohle herein. Albi hustete.

„Herr Zoffler grillt schon wieder Würstel. Puh, das qualmt vielleicht!“

Trotzdem ließ er das Fenster für Egon einen Spalt weit offen stehen. Dann aber verließ er tatsächlich ohne ein weiteres Wort das Kinderzimmer. Der Krumpfling kratzte sich am Bauchpelz. So was Dummes.

„Willst du dir von diesem schlappohrigen Vierpfotling wirklich den Nachmittag verderben lassen, Egon Krumpfling?“, fragte er sich. Er schüttelte so heftig seinen Kugelkopf, dass sein Haarschopf wippte. „Nein, das willst du nicht! Dieser Wackeldackel Bazi muss weg, jawoll!“

Während Albi bei Vogelsangs vorne an der Haustür klingelte und darauf mit Lulu in den Hobbykeller zum Kickertisch lief, wuselte Egon schon durch die offene Terrassentür ins Wohnzimmer. Dort sprang er sicherheitshalber sofort auf die Anrichte, damit der Hund ihn nicht aufessen konnte. Doch es war genauso, wie Albi vorausgesehen hatte: Dackel Bazi lag wie ein haariger Rollmops in seinem Hundekörbchen neben dem Sofa und schlief.

Egon überlegte. Wie konnte er das Monster vertreiben ohne ihm zu nahe zu kommen? Am besten, er bewarf es mit etwas. Neben ihm auf der Anrichte stand eine Schale mit Obst. Egon nahm eine Kirsche und zielte auf Bazi. Doch leider landete die Kirsche auf dem Sofa und hinterließ einen roten Fleck auf dem hellen Stoff. Egon probierte es mit einer weiteren Kirsche. Die zerplatzte vor dem Hundekörbchen auf dem Holzboden. Die dritte Kirsche erwischte Bazi am Ohr, doch der öffnete nicht einmal ein Auge! Egon verschoss auch alle anderen Kirschen, aber ohne Erfolg. Bald waren der Boden und das Sofa rot gesprenkelt. Und Bazi schnarchte immer noch. Also probierte es Egon mit den Aprikosen. Die waren größer und damit für den einen Krumpfling schwerer zu werfen. Sie flogen auch gar nicht so weit, sondern landeten allesamt in Herrn Vogelsangs Handarbeitskorb und versanken zwischen den Wollknäueln.

Vielleicht sollte Egon versuchen, Bazi mit Krach zu vertreiben? Er brauchte seine ganze Kraft, um die leere Por-

zellanschale über den Rand der Anrichte zu schieben. Mit einem lauten Scheppern zerschellte sie auf dem Parkett. Und tatsächlich: Bazi stellte die Ohren auf! Dann trottete er langsam zu dem Scherbenhaufen und schnüffelte daran. Egon sprang über ihm auf der Anrichte hin und her und deutete auf die Terrassentür.

„Und jetzt da hinaus, du Baziwarzi, da hinaus mit dir!"

Er versuchte, den Hund nach draußen zu dirigieren. Doch der gähnte nur ausgiebig und trollte sich zurück in sein Körbchen.

„Zum Krumpfpopo, jetzt platzt mir gleich das Kragenfell! Wenn du nicht folgst, mach ich Bratwurstsalat aus dir!"

Egon wurde richtig sauer. Doch plötzlich kam ihm eine krumpfgeniale Idee: Fadenflixgeradeaus wieselte er über die beiden Zäune in den Garten des Ehepaars Zoffler. Der alte Herr Zoffler wollte gerade eine große Bratwurst grillen.

„Gretel, bring mir mal den Senf raus!", rief er ins Haus.

Egon überlegte, wie er unbemerkt an die Wurst kommen könnte, bevor Herr Zoffler sie selbst verspeiste. Da kam ihm Frau Zoffler zur Hilfe.

„Ist dir die Hirnsicherung durchgekokelt? Ich bin doch nicht dein Dienstmädel!", keifte sie aus dem Küchenfenster.

„Dann hole ich mir meinen Senf eben selbst“, maulte Herr Zoffler vor sich hin. „Wieso habe ich diesen widerborstigen Besenwisch eigentlich geheiratet?“

Er warf die Grillzange auf den Beistelltisch und stampfte ins Haus.

Egon kicherte leise. Bei den Zofflers war immer etwas los! Kein Wunder, dass sich die Mampflinge im Keller der beiden Streithähnchen so gut eingerichtet hatten! Diese nahen Verwandten der Krumpflinge fanden hier stets ausreichend Schimpfe für Tee. Doch jetzt ging es nicht um die Mampflinge und Krumpftee, sondern um Bazi und die Wurst.

Egon hopste aus seiner Deckung auf Herrn Zofflers Beistelltisch. Mit der Grillzange packte er die Wurst und warf sie zum Abkühlen auf den Boden. Dann fasste er die Wurst am Zipfel und zog sie hinter sich her durch Frau Zofflers Kräuterbeet. Das ging ganz schön schwer! Egon durchquerte mit der Bratwurst den Garten der Artichs bis ins Wohn-

zimmer der Familie Vogelsang. Ein Glück, dass Frau Artich gerade auf dem Liegestuhl lag und ein Kreuzworträtsel löste. Sonst hätte sie sich bestimmt über die im Gras wandernde Bratwurst gewundert. Egon keuchte und schnaufte. War das anstrengend! Doch jetzt konnte er keine Pause machen. Also nahm er noch einmal all seine Kraft und auch seinen Mut zusammen und schob die Wurst die letzten Meter vor sich her – bis auf eine Dackellänge vor dem Hunde-Körbchen. Es funktionierte! Bazi kräuselte die Schnauze im Schlaf, riss die Augen auf, sprang auf seine Stummelbeinchen und bewegte sich schnüffelnd auf die Wurst zu. Egon hätte sich am liebsten mit einem Satz in Sicherheit gebracht, doch jetzt durfte er nicht feige sein. Ehe Bazi die Wurst verschlingen konnte, zog Egon sie um eine weitere Dackellänge zurück. Sein Herz klopfte vor Aufregung. So nah war Egon einem gefräßigen Hundemaul noch nie gewesen. Aber alles ging nach Plan. Egon zog die Wurst, Bazi trappelte wie von einem Faden gezogen hinterher. So lockte Egon Bazi mit der Wurst aus dem Haus bis auf den Gehsteig. Hier erst überließ er sie dem gierigen Hundetier. Während Bazi die Leckerei genüsslich zerkaute, raste Egon zurück in den Vorgarten und drückte von innen das Gartentürchen fest zu.

„Du bist der beste aller Hundeviehvertreiber, Egon Krumpfling! Herzlichen Glückwunsch!“, gratulierte er sich zu seiner schlauen Tat.

Mit einem breiten Grinsen sauste er darauf zu Lulu und Albi in den Hobbyraum. Dort wurde er von seinen Freunden freudig begrüßt. Lulu und Albi hatten ja keine Ahnung, was Egon gerade angestellt hatte. Besonders Albi war überglücklich, dass sich Egon trotz seiner Abneigung gegen Hunde entschlossen hatte, nachzukommen.

„Echte Freundschaft lässt sich nicht verbellen, stimmt's?", fragte er und kitzelte Egon mit dem Zeigefinger am Bauch.

Der kicherte etwas verlegen und schwindelte: „Krumpfgenau! Für meinen besten Freund wage ich mich sogar in eine Hundehütte! Darf ich mitkickern?"

Das musste er nicht zweimal fragen. Mit einem echten Krumpfling macht Tischfußball nämlich noch viel mehr Spaß. Egon war ein Spitzenfußballer. Ganz anders als beim Teelöffelhockey, dem Sport der Krumpflinge. Da verschoss er oft die Murmel und fürchtete sich vor Fouls. Aber zwischen den starren Fußballspielern auf ihren Stangen verteidigte der kleine Krumpfling wieselwendig sein Tor.

Die Kinder und Egon spielten mit glühenden Wangen. Nur noch ein Treffer, dann würden der Krumpfling und Albi die Partie gewinnen! Egon bekam an der Mittellinie den Ball vor den Fuß. Er dribbelte um die gegnerischen Plastikfiguren. Lulu quietschte vor Schreck und schob ihren Torwart in die richtige Position. Aber Egon zielte auf die freie Ecke links, schoss … und traf! Er wollte schon die Arme hochreißen und jubeln, da platzte Bruno in den Hobbykeller. Mit einer Hechtrolle wälzte sich Egon selbst ins Tor und versteckte sich hinter dem Torwart. Lulus kleiner Bruder weinte und war ganz aufgelöst.

„Was ist los?“, fragte Lulu besorgt. „Hast du dir wehgetan?“

„Nein!“ Bruno heulte laut auf. „Bazi ist weg!“, rief er. „Das Hörbuch ist mir langweilig geworden und deswegen wollte ich Bazi streicheln, aber er war nicht in seinem Körbchen.“

„Du musst nicht weinen. Bestimmt ist er nach oben gegangen und schläft in einem Bett“, versuchte Lulu ihn zu trösten. „Unser Bazi läuft nicht einfach weg.“

Albi nahm den schluchzenden Bruno an der Hand. „Komm, wir schauen zusammen nach!“ In Egons Richtung sagte er: „Und wenn wir Bazi gefunden haben, spielen wir gleich weiter!“

Egon wusste natürlich, dass die Kinder Bazi nicht finden würden. Er schlich ihnen nach. Etwas beunruhigt beobachtete er, wie Lulu, Albi und Bruno das ganze Haus absuchten. Zimmer für Zimmer.

Lulu rief nach dem Dackel. „Bazi, wo bist du?“ Ihre Stimme klang schon weniger überzeugt als zuvor. Als

Nächstes suchten die drei den Garten ab. Albi durchstöberte den Geräteschuppen und Lulu und Bruno schauten gemeinsam hinter dem Komposthaufen nach. Für Egon war es keine Überraschung, dass Bazi auch hier nirgends auftauchte. Bruno fing wieder an zu weinen.

„Das gibt's doch nicht!", rief Lulu. „Ach, jetzt weiß ich es. Unser Bazi ist doch so ein Vielfraß. Er wird bei den Mülltonnen sein und dort nach etwas Fressbarem suchen!"

Sie joggte nach vorne vors Haus. Albi und Bruno rannten ihr nach, immer noch gefolgt von Egon.

„Fehleranzeige." Lulu stand mit hängenden Schultern vor den Mülltonnen. „Wenn Bazi nicht im Haus und nicht im Garten ist, dann muss er unter dem Zaun durchgekrochen sein. Wie sollen wir ihn denn jetzt finden? Er kann überall hinlaufen! Vielleicht wurde er auch schon überfahren."

Als Bruno das hörte, heulte er noch lauter als zuvor. Lulu weinte mit. Selbst Albi war ganz blass vor Schreck, aber wenigstens konnte er noch klar denken.

„Wir suchen sofort alle Straßen ab und gucken auch im Brünnleinpark! Vielleicht dreht Bazi dort alleine seine Gassirunde!" Albi lief los und Lulu und Bruno stolperten hinterher.

Als Egon sah, was er angerichtet hatte, wurde ihm weh ums Herz. Er hatte gruselige Angst vor Hunden und deswegen sollte Bazi ein bisschen weg sein. Aber Egon wollte doch auf keinen Fall, dass der Dackel unter ein Auto kam und papierplatt gefahren wurde! Wenn er geahnt hätte, wie gerne die Kinder den doofen Dackel mochten, hätte er ihn nicht fortgeschafft! Und jetzt weinten sie so viele Tränen um ihn! Das konnte Egon kaum mitansehen.

Es gab nur eine Lösung. Er musste Lulu und Bruno ihren Bazi zurückbringen, und zwar schnell! So wie er ihn losgeworden war, konnte er ihn bestimmt auch wieder herbeischaffen.

Da kam es Egon gerade recht, dass eben Herr Zoffler vorbeikam. Der alte Herr hatte sich beim Metzger eine neue Bratwurst gekauft. Die erste war ja auf unerklärliche Weise verschwunden, während er in der Küche den Senf geholt hatte.

Egon hüpfte hoch, klammerte sich an Herrn Zofflers Beutel fest und kletterte hinein. Mit seinen Hackezähnchen biss er blitzschnell ein großes Loch in den Stoff. Dann packte er die Wurst aus ihrem Papier, stopfte sie durch das Loch hindurch und ließ sich selbst hinterherplumpsen. Egon arbeitete leise wie ein Einbrecher. Obwohl Herr Zoffler die Tasche trug, bemerkte er nichts von dem Diebstahl! Jetzt musste Egon nur noch die Wurst vom Boden

einsammeln und damit Bazi zurück in Vogelsangs Garten locken. Doch das war einfacher gedacht als getan! Denn von Bazi war weit und breit kein Schwanzspitzenhaar zu sehen!

Inzwischen hatten Lulu, Bruno und Albi schon den ganzen Brünnleinpark abgesucht, waren bis zur Statue von Franz Schubert und um den Brunnen gewandert.

„Nichts. Wir können die Suche aufgeben", sagte Lulu schniefend. „Bestimmt ist unser Bazi überfahren worden."

Doch Albi wollte die Hoffnung immer noch nicht aufgeben. Er sah sich suchend um. Plötzlich deutete er auf einen Zettel, der an einem Baum festgepinnt war, und rief: „Schaut mal her, das ist interessant. Da hat jemand eine Suchannonce aufgehängt. Anscheinend ist noch ein Hund verloren gegangen." Er las laut vor, was auf dem Zettel stand: „Wir vermissen Stina! Unsere Berner Sennenhündin ist am Montag im Brünnleinpark entlaufen. Wer sie findet, bekommt einen Finderlohn! Da steht noch die Telefonnummer, bei der man sich melden soll."

Unter ihren Tränen gelang Lulu ein kleines Lächeln: „Das ist eine gute Idee! Wir hängen auch solche Sucherwanzen für Bazi auf!“

„Und diese Such-Annonce nehmen wir als Vorlage mit nach Hause.“ Vorsichtig zog Albi den Zettel von dem Baumstamm ab. „Wenn wir gleich unsere eigenen aufhängen, werden wir sie wieder hier anbringen.“

Sogar Bruno schöpfte neue Zuversicht. Mit dem Handrücken wischte er sich über die Nase und schlug dann schniefend vor: „Ihr könnt mein ganzes Taschengeld für den Finderling nehmen. Ich habe schon einen Euro und dreißig Cent.“

Während die drei Kinder wieder bei Vogelsangs ankamen, um die Suchanzeigen zu schreiben, traf Egon im Brünnleinpark ein. Auch er hoffte, Bazi dort zu finden. Sein schlechtes Gewissen drückte ihn so schwer wie eine Mülltonne voller Krumpftee-Abfall. Außerdem war der Krumpfling von der Schlepperei sehr erschöpft. Um kurz zu verschnaufen, verkrümelte er sich mit Herrn Zofflers zweiter Bratwurst zwischen die Brennnesseln am Wegrand.

Wenn Egon seinen Fehler nur irgendwie gut machen könnte! Er seufzte tief.

Da hörte er neben sich ein zweites Seufzen. Oder eher ein unheimliches Schnauben direkt über seinem Kopf! Egon linste durch die Stengel nach oben … und erstarrte vor Schreck. Über ihm öffnete sich das Monstermaul eines gewaltigen schwarzen Wuschelpelzhundes! Wie ein riesiger rosa Waschlappen schlabberte die Zunge heraus und eine tropfnasse Rüsselnase näherte sich Egon. Nein, sie näherte sich nicht ihm, sondern der Wurst neben ihm.

„Heda, du lass das! Die Wurst ist nicht für dich gedacht."

Egon zog die Wurst beiseite. Doch der Riesenhund schnaufte der Wurst hinterher. Egon zog die Wurst in die andere Richtung. Der Hund hüpfte ihr nach.

„Ihr Dummhunde seid doch alle gleich bescheuerlicht!", rief Egon empört. Dabei kam ihm ein Gedanke. Wenn alle Hunde gleich waren, würden sich Lulu und Bruno doch über einen anderen Hund genauso freuen wie über ihren? Hund war schließlich Hund! Und dieser war sogar noch größer als Bazi.

„Was ein Egon furchterbar findet, ist für viehverrückte Hundefreunde bestimmt ganz toll!", überlegte der kleine Krumpfling laut. „Albi hat doch gesagt, dass Bazi schon alt ist. Ich bringe ihnen einen frischen Hund und alles ist wieder krumpfgut!"

Egon musste jetzt noch tapferer sein als zuvor. Denn nun hatte er es wirklich mit einem großen Hund zu tun. Aber der Trick mit der Wurst funktionierte mit dem fremden Riesenmonster genauso gut wie mit Bazi. Keuchend und

bibbernd schaffte Egon den Fundhund in Vogelsangs Garten. Dort angekommen, überließ er ihm den Köder und verzog sich sicherheitshalber auf die grüne Mülltonne. Mit einem einzigen Happs verschlang der Hund die dicke Wurst. Egon schüttelte sich bei dem Gedanken, wie leicht das gefräßige Tier ihn hätte herunterschlucken können! Aber er war auch stolz, dass er für Lulu und Bruno seine große Angst überwunden hatte. Und er freute sich auf ihre fröhlichen Gesichter, wenn sie ihren neuen Hund entdeckten!

Da traten die Kinder auch schon aus dem Haus. Egon sprang in Albis Kapuze. „Ich bin da", flüsterte er Albi ins Ohr. „Guck mal. Das schwarze Wuschelmonster hab ich für Bruno geholt, damit er nicht mehr so weinen muss!"

Albi sah sich um und entdeckte den riesigen Hund, der gerade das Blumenbeet umgrub.

„Bist du verrückt, Egon?", fragte er leise. „Du kannst doch nicht einfach einen fremden Hund anlocken. Der gehört auch jemandem. Außerdem hätte er dich fressen können!"

Aber Albi klang nicht böse, sondern fast ein bisschen beeindruckt.

Lulu hatte den unerwarteten Gast inzwischen auch entdeckt.

„Ja, wie hast du dich denn hierher verirrt?", sprach sie ihn verwundert an.

Bruno lief gleich auf den Hund zu und versuchte, ihn zu streicheln. „Ich bin der Bruno und wer bist du?"

Der Hund antwortete natürlich nicht, sondern grub fröhlich weiter Löcher in die Erde.

„Aber das ist doch ein Berner Sennenhund!", stellte Albi fest. „Womöglich ist das sogar der Hund, der vermisst wird?" Er wedelte aufgeregt mit dem Zettel, den er vom Baum im Brünnleinpark abgenommen hatte. Dann versuchte er, den Hund mit seinem Namen anzulocken. „Stina! Stina, komm!"

Der riesige Hund freute sich sichtbar darüber, so angesprochen zu werden. Er sprang Albi sofort schwanzwedelnd entgegen, versuchte, ihn abzuschlabbern und trampelte ihm vor lauter Begeisterung mit seinen erdigen Pfoten über die Zehen. Albi konnte ihn kaum abwehren, doch dann gelang es ihm, das Halsband zu fassen, an dem ein Anhänger befestigt war.

„Da steht tatsächlich Stina eingraviert!", rief Albi

aufgeregt. „Das ist die vermisste Berner Sennenhündin! Wir müssen gleich bei ihren Besitzern anrufen, damit sie sich keine Sorgen mehr machen und sie abholen! Ich hab hier die Telefonnummer." Er sauste ins Haus.

Egon war enttäuscht. Nun hatte er sich so überwunden, um den Kindern einen Ersatzhund zu beschaffen, und jetzt wollten sie ihn wieder weggeben? Die Menschen waren wirklich manchmal schwer zu verstehen!

Nachdem Albi telefoniert hatte, berichtete er seinen Freunden über das Gespräch: „Eine Frau Wetterli war am Apparat. Sie ist überglücklich, dass Stina bei uns in Sicherheit ist und kommt gleich her!"

In diesem Moment radelte Herr Vogelsang heran. Seine Backe war noch etwas schief, aber er lachte trotzdem die Kinder über das Gartentor hinweg fröhlich an.

„Was für ein netter Empfang! Habt ihr etwa auf mich gewartet?" Dann entdeckte er Stina, die von innen gegen das Gitter sprang, um ihn auch zu begrüßen. „Wir haben Hundebesuch? Das ist ja lustig! Schaut mal, wen ich euch mitgebracht habe!" Er griff hinter sich in den Fahrradkorb.

Egon traute seinen Glupschaugen nicht, als er sah, was Herr Vogelsang heraushob: einen kleinen schrumpeligen Hund mit vielen Falten im Gesicht und großen Kulleraugen!

„Das ist Molly Möpschen, der Hund von meinem Zahnarzt!“

„Ist die süß!“ Bruno streckte sofort die Arme aus und nahm seinem Vater das Hündchen ab.

Egon rieb sich die Pfoten. „Zwei minus eins ist eins. Wenn das Riesenbiest Stina abgeholt wird, bleibt der Schnorcheltropf Molly übrig“, rechnete er leise und war mit dem Ergebnis zufrieden.

„Ich dachte, Hunde beim Arzt sind verboten wegen der Hyäne?“, fragte Lulu.

Herr Vogelsang lachte noch schiefer und schob sein Fahrrad in den Vorgarten. „Richtig, aus Hygienegründen dürfen Tiere nicht in Arztpraxen. Aber Doktor Kleinzack wusste nicht, wohin mit Molly. Seine Frau ist auf Geschäftsreise und da habe ich ihm angeboten, dass wir solange auf Molly aufpassen.“ Er streichelte Stina, die ihn aufgeregt umtänzelte, über den Kopf. „Wie ich sehe, seid ihr ja prima Hundesitter. Und Bazi lässt sich von solchen Hupfnudeln zum Glück nicht aus der Ruhe bringen.“

Als Bruno den Namen Bazi hörte, fing er sofort wieder an zu jammern: „Aber Bazi ist doch weg!“

Herr Vogelsang horchte auf. Lulu erklärte ihrem Pa, was passiert war. Der schlug entsetzt die Hände über dem Kopf zusammen.

„Bazi ist weg? Das ist ja eine Katastrophe!“

„Wir wollten gerade Suchanzeigen aufhängen!“, erklärte Albi. „Das hilft! So haben wir auch Stina gefunden.“

„Moment, Moment. Langsam verstehe ich gar nichts mehr. Stina habt ihr aus Versehen entdeckt, weil ihr Bazi gesucht habt?“

Herr Vogelsang schaute sehr verwirrt auf Stina, die sich bestens mit Molly verstand und mit ihr balgte. Über das Gekläffe hinweg rief plötzlich eine wütende Stimme von der Straße: „Bringen Sie mal ihre Köter zum Schweigen. Und passen Sie gefälligst besser auf Ihren Fressdackel auf, Herr Vogelsang!“

Alle drehten gleichzeitig die Köpfe nach der Stimme um. Herr Zoffler schleppte einen beleidigt schielenden Bazi heran. Das dicke Bäuchlein hing schwer unter Herrn Zofflers Arm heraus. Der schimpfte weiter: „Ich habe den Banditen auf frischer Tat an meinem Grill ertappt! Er hat mir heute drei Bratwürste gestohlen! Was haben Sie dazu zu sagen?“

„Hurra!“, riefen Herr Vogelsang, seine beiden Kinder und Albi wie aus einem Mund. Und wenn er genau gelauscht hätte, wäre Herrn Zoffler noch eine fünfte Stimme aufgefallen, die „Hurra Krumpfsassa!" schrie. Das war natürlich Egon, der sich noch nie so sehr über den Anblick eines Hundes gefreut hatte, wie in diesem Moment.

Herr Vogelsang nahm Herrn Zoffler Bazi ab und stellte ihn im Vorgarten auf den Boden. Sofort umtobten Stina und Molly den Dackel. Als der verstand, dass er zwei hübsche Hundedamen zu Besuch hatte, ließ er sich auf das wilde Spiel ein. Jetzt rasten drei Hunde durch den Garten, dass die Grasbüschel nur so durch die Luft flogen.

Egon war sehr froh, sicher in Albis Kapuze zu sitzen. Und Albi hatte sogar Mitleid mit ihm.

„Mach dir keine Sorgen wegen der wilden Hunde!", flüsterte er. „Du mutiger Held von einem Krumpfling, ich pass gut auf dich auf! Das mit Stina hast du toll gemacht!"

Egon dachte, dass er nicht glücklicher sein könnte – aber er konnte!

Denn als Frau Wetterli kam, um ihre Stina abzuholen, gab sie den Kindern tatsächlich den versprochenen Finderlohn. Zehn Euro! Für vier Euro kauften Lulu und Albi beim Metzger drei Ersatz-Bratwürste für Herrn Zoffler. Aber danach blieben immer noch zwei Euro für jedes Kind übrig. Und Albi teilte seinen Anteil natürlich mit Egon! So konnte der glückliche Krumpfling am Abend dieses aufregenden Tages seinen ersten eigenen Euro in die Krumpfburg rollen.

Er passte gut auf, dass ihn kein anderer Krumpfling damit sah und kletterte schnell in die rote Kindergießkanne mit den weißen Punkten. Dann kramte er die Streichholzschachtel aus seinem Schlafsack und legte den Euro zu den sechs goldenen Reißnägeln. Bevor er sich selbst in seinen Schlafsack kuschelte, schrieb er aber noch den Aufsatz, den Professor Honigschwamm ihm am Morgen zur Strafe aufgegeben hatte.

Wenn ich einen Euro hätte ... Dann würde ich den Euro in meine Schatzkiste legen und gut darauf aufpassen, damit kein anderer Krumpfling ihn mir klaut. Und eines Tages würde ich meinem allerbesten Freund damit ein krumpfgutes Geschenk kaufen, damit er sieht, wie gern ich ihn hab!

Egon und die Seilbahn

Egon und Albi hatten endlich die Spielzeug-Seilbahn aus Holz aufgebaut! Sie führte vom Bettpfosten quer durch das Zimmer bis auf Albis Kleiderschrank hinauf. So hoch konnte nicht einmal der kleine Krumpfling aus dem Stand springen. Nun hockte er in der Kabine, winkte heraus und quietschte vor Glück.

„Schnell, Albi, du musst noch viel schnellericher kurbeln! Das macht einen Krumpfspaß!"

Albi kurbelte, so schnell er nur konnte.

„Wird dir nicht schwindelig, wenn die Kabine so schaukelt? Wie ist die Aussicht von da oben?"

„Herr-und-Fraulich! Ich fühle mich wie ein fliegender Maikäfer! Aber jetzt musst du mich leider wieder runterfahren!"

„Warum das denn?", fragte Albi, tat jedoch sofort, was sein Freund wollte.

Noch bevor die Gondel wieder beim Bett angelangt war, hüpfte Egon heraus.

„Heute Abend ist Glühwürmchen-Serenade! Da wandern wir Krumpflinge bei Einbruch der Dämmerung hinauf in den Garten. Es wird ein großes Konzert veranstaltet! Wir Krumpflingsschüler singen auch etwas vor.“ Bedauernd fügte er hinzu: „Und jetzt will Professor Honigschwamm das Loblied für Oma Krumpfling noch einmal mit uns üben. Deswegen muss ich zurück in die Krumpfburg. Aber wir sehen uns morgen und dann können wir wieder Seilbahn spielen!“

Weil er zu klein war, um seinen Freund richtig zu umarmen, drückte er Albis Handgelenk fest zum Abschied. Dabei ahnte er nicht, dass sie sich schon viel früher als gedacht wiedersehen und sogar mit der Seilbahn spielen würden! Und das kam so …

Auf leisen Pfoten schlich Egon durch den einzigen Eingang zurück in die Krumpfburg. Doch genau am Ende, da wo wieder etwas mehr Licht in das alte Ofenrohr fiel, keuchte ihm ein erwachsener Krumpfling entgegen. Er schien etwas Schweres auf dem Rücken zu schleppen. Egon sprang vor Schreck hoch, knallte mit dem Kopf gegen die Innenseite des rostigen Ofenrohrs und blieb dann belämmert sitzen. Weglaufen kam nicht in Frage, der andere Krumpfling hatte ihn bereits gesehen.

„Heda, Egon!", rief er mit tiefer Stimme. „Was machst'n da?"

Jetzt erkannte Egon Dusselkurt und atmete erleichtert auf. Dusselkurt wohnte in einem Kanister, der nach ranzigem Olivenöl roch, und arbeitete in der Krumpfburg als Müllmann. Er hatte Bärenkräfte, konnte aber bei Weitem nicht so gemein sein, wie die anderen Krumpflinge, weil er ein einfacheres Gemüt hatte.

„Was machst'n da, Herzchen?", wiederholte Dusselkurt seine Frage.

„Och. Ich schau nur so", schwindelte Egon. Er wusste, dass er von Dusselkurt nichts Schlimmes zu befürchten hatte.

„Schön für dich", sagte Dusselkurt. Stöhnend stellte er die Dose mit dem Krumpfteeabfall ab. „Das möcht ich auch mal. Einfach nichts tun und durchs Ofenrohr gucken. Aber ich muss ja immer arbeiten. Treppe rauf, Treppe runter. Befehl von der Chefin."

„Da will ich dich nicht davon abhalten!" Egon rappelte sich auf. „Tschau Kakao, ich saus zur Chorprobe!"

Er versuchte, an Dusselkurt vorbeischlüpfen. Dabei bemerkte er, dass Dusselkurt heute bleich wie schimmelige Gurkensuppe aussah. Obwohl er es inzwischen ziemlich eilig hatte, blieb er stehen und fragte mitfühlend: „Ist alles in Ordnung mit dir, Dusselkurt?“

Dusselkurt lächelte gerührt. „Nett, dass mal einer fragt. In mei’m ganz’n Leben is das noch nich vorgekommen.“ Er tätschelte mit seiner großen Pranke Egons Haarschöppel. „Weißte, der is ganz schön schwer, der Müll. Ich krieg ihn kaum noch die steilen Stufen rauf. Und mein Rücken wird nich jünger. Tut ziemlich weh in letzter Zeit.“

Er bückte sich seufzend, um sich die Blechdose mit dem Krumpfteeabfall wieder aufzuladen. Dabei stöhnte er und verzog schmerzerfüllt das Gesicht.

„Da hilft kein Jammern nich. Oma Krumpfling sagt, ich darf erst zur Glühwürmchen-Serenade, wenn ich alles ausgeleert hab. Und dann krieg ich trotzdem nur ’nen Platz ganz hinten in der letzten Reihe, weil ich so stink und nich mal Zeit hab, mich zu parfümieren“, erklärte er traurig. „Ich muss los, sonst gibt’s gar kein Konzert für mich. Dank dir fürs Zuhör’n.“

Mit hängenden Ohren tapste er los.

„Aber gerne!“, verabschiedete sich Egon.

Er sah Dusselkurt nach, wie er im Dunkel des Ofenrohrs verschwand. Der Müllmann tat ihm plötzlich furchtbar leid. Bisher hatte er sich keine Gedanken gemacht. Aber nach dieser Unterhaltung sah er ihn mit ganz anderen Augen. Tag für Tag schleppte der arme Kerl den Müll für alle von der Sammelstelle neben dem Tor nach oben zum Komposthaufen. Er musste den gefährlichen Weg durch den Garten der Vogelsangs nehmen, wo ein heimtückischer Dackel lauerte. Sogar seinen Rücken ruinierte sich Dusselkurt bei der anstrengenden Tätigkeit. Und dieser gutmütige Krumpfling wurde von den anderen ausgelacht, von Oma Krumpfling beschimpft und durfte noch nicht einmal in Ruhe die Glühwürmchen-Serenade genießen? Das war doch mehr als ungerecht! Egon kratzte sich nachdenklich den herzförmigen Fleck in seinem Fell. Und dann hatte er plötzlich eine krumpfgeniale Idee, wie er Dusselkurt helfen konnte. Allerdings musste Professor Honigschwamm dafür bei der Chorprobe auf Egon verzichten. Doch was wichtiger war, lag ja wohl auf der Pfote!

„Warte!“, rief Egon und rannte Dusselkurt hinterher. Als er ihn eingeholt hatte, erklärte ihm Egon: „Bleib da! Ich weiß, wie du nicht mehr schleppen musst und abends entspannt mit uns zur Glühwürmchen-Serenade gehen kannst. Vertrau mir, ich bin gleich mit allem Nötigen zurück!“

„Hä?“ Der Müllmann verstand gar nichts. Außer, dass er mit dem Krumpfteeabfall in der Krumpfburg auf Egon warten sollte. „Wennste meinst, Egonchen, dann bring ich den Müll zur Sammelstelle zurück und bleib da hocken. Bin eh fixundfoxi.“

Egon wieselte die Treppe hinauf ins Kinderzimmer. Albi hatte die Seilbahn ordentlich in die Schachtel geräumt und gerade angefangen, ein Puzzle zusammenzusetzen. Er schaute verwundert auf, als sein Freund schon wieder vor ihm stand und aufgeregt zeterte: „Wir brauchen dringerlich deine Seilbahn für Dusselkurt, damit er den Krumpfteemüll nicht mehr tragen muss, sondern ihn in den Garten raufkurbeln kann. Er hat doch schon so Rückenweh und zur Glühwürmchen-Serenade möchte er auch mal gehen.“

Da Albi einen klugen Kopf besaß, kapierte er sofort, was Egon sich ausgedacht hatte: Der Krumpfling wollte die Spielseilbahn als Transportseilbahn nutzen, damit der Müllmann der Krumpflinge den schweren Abfall nicht mehr die steile Kellertreppe hinaufschleppen musste.

Selbstverständlich war Albi bereit, seinem Freund und damit auch Dusselkurt zu helfen. Mit einem Griff zog er die Schachtel mit der Seilbahn aus dem Regal. Dann schlug er Egon vor: „Lauf du zur Krumpfburg zurück. Ich werfe das Seil und die Kurbel aus dem Garten durch das Kellerfenster. Du musst das Seil dann unten an einer geeigneten Stelle befestigen. Ich sichere das obere Ende. Wenn die Schnur gespannt ist, lasse ich die Gondel runter und Dusselkurt kann den Müll einladen."

„Krumpfidank!" Egon klatschte glücklich in die Pfoten. „Du bist der allerbeste Albi, den sich ein Egon Krumpfling wünschen kann!"

Bester Laune wieselte Egon in den Keller zurück. Dusselkurt hockte tatsächlich immer noch an der Sammelstelle für Teemüll. Allerdings war er inzwischen eingenickt. Egon tapste auf Pfotenspitzen an ihm vorbei und grinste vor sich hin. Mit Albis Hilfe konnte er die Seilbahn schnell aufbauen. Dusselkurt würde murmelgroße Glupschaugen machen, wenn er ihn dann aufweckte!

In der Krumpfburg sah sich Egon vorsichtig um. Er hatte keine Lust jemanden zu treffen, der ihm dumme Fragen stellte. Doch die Krumpfburg lag wie ausgestorben. Alle Krumpflinge waren mit den Vorbereitungen für die Glühwürmchen-Serenade beschäftigt. Aus den Wohnhöhlen klang geschäftiges Rascheln. Nur Oma

Krumpflings Wohnhandtasche wackelte wie bei einem Erdbeben. Die Stimme der Chefin gellte gedämpft nach draußen.

„Zum Teufelshorn, ich habe nichts anzuziehen! In diesem fiesen Fetzen sehe ich aus wie eine ungegarte Dampfnudel. Und meine Härlein muss ich auch noch dringend waschen! Wo ist denn das verflixte Shampoo?“

Drei bunt geblümte Kittelschürzen, mehrere Filzstift-Kappen, die die Chefin als Lockenwickler trug, und der Deckel einer Shampooflasche kamen aus der Handtasche geflogen. Egon duckte sich gerade noch rechtzeitig, bevor er getroffen wurde. Offensichtlich konnte sich Oma Krumpfling nicht entscheiden, wie sie sich zum Konzert kleiden sollte. Dabei hatte sie doch die ganze Handtasche voller Kleider und alle möglichen Arten von Lockenwicklern! Kopfschüttelnd schlich Egon weiter. Als er an der Schul-

schachtel vorbei tapste, hörte er seine Klassenkameraden das Loblied für Oma Krumpfling durcheinanderplärren. Egon legte die Löffelohren an. Das klang ja scheußlich. Noch scheußlicher würde allerdings morgen die Schimpftirade von Professor Honigschwamm erschallen, weil Egon die Probe einfach geschwänzt hatte!

„Das gibt bestimmt eine krumpfgemeine Strafaufgabe, wie Schultische schrubben“, überlegte er leise vor sich hin. „Doch das ist es wert, Egon Krumpfling, wenn du dafür dem armen Dusselkurt eine Freude machen kannst. Und jetzt flügelflatterschnell. Albi ist bestimmt schon da!“

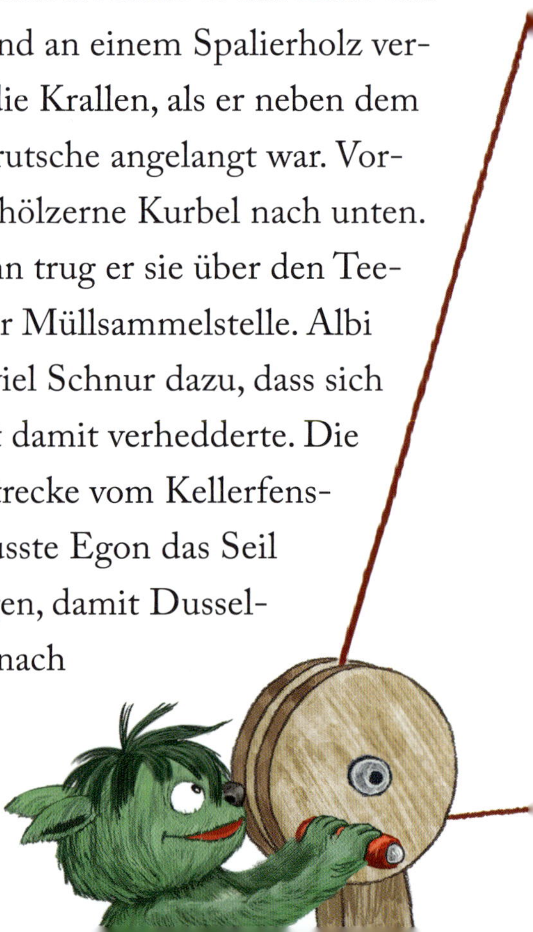

Tatsächlich wartete Albi bereits im Garten oben am geöffneten Kellerfenster. Wie vereinbart hatte er das Ende des Zugseils direkt an der Hauswand an einem Spalierholz verknotet. Egon pfiff leise durch die Krallen, als er neben dem Auffangbecken der Regenrohrrutsche angelangt war. Vorsichtig ließ Albi daraufhin die hölzerne Kurbel nach unten. Egon bekam sie zu fassen. Dann trug er sie über den Teelöffelhockeyplatz zurück bis zur Müllsammelstelle. Albi gab von oben immer genauso viel Schnur dazu, dass sich Egon in der Krumpfburg nicht damit verhedderte. Die Länge reichte gerade für die Strecke vom Kellerfenster bis zum Müllplatz. Nun musste Egon das Seil nur noch spannen und befestigen, damit Dusselkurt in Zukunft den Teeabfall nach oben in den Garten kurbeln konnte. Doch wie? Egon sah sich um. Neben der Sammelstelle für Müll stand auf der einen Seite der Olivenölkanister, in dem Dusselkurt wohnte. Und auf der anderen Seite lag ein alter Starenkasten aus Holz, in dem das Postamt untergebracht war. Egon zog die Schlaufe über die Landestange für die Stare. Doch als er prüfen wollte, ob die Schnur so stark genug gespannt war, brach das Holz einfach ab.

„Verdammelichter Morschmist!"

Egon kam ins Schwitzen. Wenn er nur Hammer und Nägel hätte … Die besaß er nicht. Aber er hütete doch sechs goldene Reißnägel in seiner Schatzkiste. Damit würde er die Schnur einfach anheften! Egon wollte Dusselkurt so gerne helfen, dass er sogar bereit war, seinen Schatz dafür zu opfern. Außerdem besaß er ja noch den Euro, den Albi ihm geschenkt hatte!

Nur wenige Glupschaugenblicke später pinnte Egon die Schnur mit den Reißnägeln in die Seitenwand des Starenkastens. Alle sechs Reißnägel opferte er, damit die Schnur nicht abfatzen konnte. Dann zog er dreimal kurz an der Schnur. Sie hielt. Und Albi verstand das Zeichen und schickte die Gondel nach unten. Die Transportseilbahn konnte ihren Dienst beginnen! Voller Stolz rüttelte Egon Dusselkurt wach und erklärte ihm die Konstruktion.

„Mit dem Kistending da an der Strippe fliegt die Abfall-Dose ganz alleine in den Garten?" Der Müllmann der Krumpflinge konnte es kaum glauben. „Egonchen, Krümpflein, das is ja wie im Paradies!"

Auf Egons Anweisung schob er die Dose mit dem Krumpfteeabfall in die Holzkabine. Dann drehte er an der Kurbel. Genau wie Egon es ihm zeigte.

„Geht gar nich schwer und bewegt sich doch?", fragte er verdutzt.

Tatsächlich wanderte die schwere Abfalldose in der Gondel am Seil nach oben. Nur noch wenige Zentimeter, dann wäre sie beim Kellerfenster angelangt.

„Das is 'n Wunder!", rief Dusselkurt glücklich. „Ein richtig echtes Krumpfwunder! Lass dich herzen, Egonchen, du Geniekrumpf!"

Dusselkurt ließ die Kurbel los, um Egon zu umarmen. Sofort raste die Gondel mit Karacho am Seil wieder nach unten. Durch das hohe Tempo kam sie so ins Schwanken, dass die Teeabfalldose umfiel. Der gesamte Müll

prasselte wie ein Graupelschauer herunter – genau über der Wohnhandtasche von Oma Krumpfling. Egon und Dusselkurt hielten vor Schreck die Luft an … Dann schallte ein Kreischen über die Krumpfburg: „AAAAAOOOOEEIUU!“ Das war der gefürchtete Wutschrei der Chefin.

Wie eine Flitzgiraffe tauchte Oma Krumpfling gleich darauf am Müllplatz auf. Ihre gelbe Kittelschürze war über und über voll mit braunen Tee-Flecken. Allerdings hatte sie nur die Färbung einer Giraffe, nicht die Figur. Im Gegenteil: Oma Krumpflings Bauch war noch trommelrunder als gewöhnlich! Und ihr Kopf sah aus wie ein Vulkanausbruch. Zwischen ihren dünnen Haaren schäumten bunte Blubberblasen in allen erdenklichen Rottönen. Anscheinend hatte Oma Krumpfling ihre Haare, gerade als der Unfall passierte, mit Shampoo gewaschen. Nun reagierte dieses mit dem Krumpfteeabfall durch unkontrollierbare Schaumbildung.

Eine Schar Krumpflinge war durch den Schrei der Chefin aufmerksam geworden, ihr bis zum Müllplatz gefolgt und gaffte nun neugierig. Oma Krumpfling bohrte ihre Zeigekralle in Dusselkurts Bauchpelz und legte mit dem Donnerwetter los: „Was fällt dir ein, mir den Krumpfteeabfall übers Hirn zu schütten, du dumpfdämlicher Mülldussel? Sogar ins Maul habe ich ihn bekommen. Du weißt doch, wie unbekömmlich Krumpfteeabfall ist!"

Als müsste sie so die schrecklichen Nebenwirkungen von Krumpfteeabfall beweisen, knatterte ein kräftiger Pups aus ihrem Hinterteil. Oma Krumpfling verzog die Schnauze.

„Das mufft wie ranziger Wanzentran." Dann zeterte sie weiter: „Schau mich an, Dusselkurt! Wie sehe ich aus?" Das Geblubber auf ihrem Kopf färbte sich gerade schwefelgelb.

„Pudelpaddelblöd siehste aus, Chefin", antwortete Dusselkurt ungeschickt. Egon legte die Löffelöhrchen an.

Doch Oma Krumpfling gab Dusselkurt sogar recht: „Hervorragend erkannt. Meine Kittelschürze, meine Haare! Alles ist hin. Ich werde Stunden brauchen, bis ich mich für ein neues Kleid entschieden habe und die Frisur wieder sitzt. Und das alles wegen dir … Du Vermasseldusselkurt!"

Dusselkurt zog den Kopf zwischen seine breiten Schultern.

„Tut mir leid, Oma Krumpfling, das wollt ich echt nicht."

Egon überwand seine Angst und meldete sich mit dünnem Stimmchen zu Wort.

„An dem Unglück bin ich mindestens so sehr schuld wie Dusselkurt!“

Doch Oma Krumpfling winkte ab.

„Pappellapappe, Egon, sei still. Kein Krumpfling nimmt für einen anderen die Schuld auf sich. Ob zu recht oder zu unrecht. Das wär ja noch schöner.“ Sie wandte sich wieder Dusselkurt zu. „So eine bodenlose Frechheit hat noch niemand gewagt. Nun muss ich überlegen, wie ich dich angemessen bestrafen kann.“ Nachdenklich rieb sie sich den Pelz an ihrem Kinn. Plötzlich leuchteten ihre Glupschaugen auf. „Höhlenarrest! Ab mit dir in deinen Ölkanister! Die kräftige Netti soll sofort das Sieb bringen. Dann wirst du einen Tag oder zehn Monate oder sieben Jahre eingesperrt. Solange bis ich Lust habe, dich zu begnadigen.“

Die kräftige Netti rannte augenblicklich los, um ihren Auftrag zu erfüllen. Dusselkurt traten die Tränen in die Augen. Er kniete sich vor Oma Krumpfling und hob flehend die dicken Pfoten. Doch die Chefin blieb hart und schließlich krabbelte Dusselkurt in seine Wohnhöhle. Die kräftige Netti schleifte bereits das Sieb herbei und befestigte es mit Hilfe von Trainer Plerri über der Öffnung von Dusselkurts Kanister. Jetzt konnte der arme Dusselkurt nur noch herausschauen, aber nicht mehr herauskommen.

Als Egon das sah, hatte er das Gefühl, eine Stricknadel würde in sein kleines Krumpflingsherz piksen. So weh tat ihm der Anblick des zu Unrecht eingesperrten Müllmanns.

„Aber …“ Egon sprang um Oma Krumpfling herum. „Aber das ist wirklich ganz gemein.“ Er hoffte, sie würde ihre Meinung noch ändern.

„Gut erkannt, Egon“, Oma Krumpfling nickte zufrieden. „Gemein, gemeiner, Oma Krumpfling! Deswegen bin ich hier auch die Bestimmerin. Und jetzt aus dem Weg! Ich muss zurück in meine Tasche. Die Glühwürmchen-Serenade wird verschoben, bis ich weiß, was ich anziehen soll.“

„Buh!“, schrien die Krumpflinge enttäuscht. Sie pfiffen. Alle hatten sich so auf das nächtliche Konzert gefreut.

„Da könnt ihr euch bei unserem Müllmann bedanken“, antwortete Oma Krumpfling ungerührt.

Doch Egon gab nicht auf. „Dein Kleid ist mit den Giraffen-Flecken doch viel wunderbarer scheußlich als zuvor. Das sieht ganz toll krumpfmodisch aus und macht auch noch schlank!“

Er bemerkte, dass Oma Krumpfling zögerte. Sie blickte an sich herunter.

„Schlank, tatsächlich?“ Doch dann schaute sie auf die Armbanduhr am Burgturm. Die zeigte bereits sieben. Oma Krumpfling schüttelte den Kopf. „Selbst wenn ich mich nicht mehr umziehe, sind wir für heute zu spät dran! Bis ich meine Wampe die Treppe heraufgeschoben habe, sind die Glühwürmchen schon wieder in der Heia. Und ohne Glühwürmchen gibt es keine Glühwürmchen-Serenade."

Sie schob Egon beiseite und wollte gehen. Doch dabei lief sie in die Schnur der Seilbahn und verwickelte sich darin.

„Woher kommt denn plötzlich dieses Spinnengeschnüre?", beschwerte sie sich.

Da hatte Egon die zweite gute Idee an diesem Tag. Er half Oma Krumpfling, sich zu befreien und erklärte: „Das, allerschlimmste Oma Krumpfling, ist die Seilbahn, die Dusselkurt extra für dich aufgebaut hat, damit du zum Konzert schweben kannst." Er führte sie zu der Gondel. „Eine echte Chefin läuft doch nicht auf ihren eigenen Pfoten!"

„Wie, in die Kiste da soll ich mich reinquetschen?", fragte Oma Krumpfling und beschnüffelte misstrauisch die Holzbank. Doch dann folgte sie Egons Einladung, sich zu setzen.

„Gut festhalten! Los geht's!" Egon kurbelte die Seilbahn nach oben. Langsam bewegte sich die Gondel mit der Krumpflingschefin durch die Luft. Und wieder begann Oma Krumpfling zu kreischen … aber diesmal nicht aus Wut, sondern aus purer Freude!

„Höher, schneller, runter, rauf!", gackerte sie glücklich. „Das ist ja viel lustiger als Handyspielen oder Schimpfen!"

Als Egon vom vielen Kurbeln ganz aus der Puste war, bestimmte Oma Krumpfling: „Dusselkurt soll der offizielle

Seilbahnkurbler werden. Schließlich ist er ja der Erfinder des Wunderwerks und der Stärkste der Krumpflinge."

Also nahmen die kräftige Netti und Trainer Plerri das Sieb von Dusselkurts Kanister. Der Müllmann durfte sein neues Amt sofort antreten.

Oma Krumpfling ließ sich von Dusselkurt bis zum Kellerfenster transportieren. Sie sah sich im Garten um und kreischte dann von oben in die Krumpfburg herunter: „Jetzt aber asselflott, ihr Krumpflinge! Professor Honigschwamm und sein Chor haben sich schon auf der Bühne aufgestellt!"

Das ließen sich die Krumpflinge nicht zweimal sagen. Wie die Flummis hüpften sie die Kellertreppe hinauf.

„Und der Müll?", rief Dusselkurt verblüfft.

„Der Müll kann bis morgen warten!", rief die Chefin zurück. „Und jetzt klemm dir unseren Minifurz Egon unter den Arm, komm rauf und genieß dein Leben, Dusselkurt. Befehl von ganz oben!"

Egon und Dusselkurt trauten ihren Löffelohren nicht, als sie das hörten. Im Garten erwartete die beiden aber noch eine Überraschung: Oma Krumpfling hatte ihnen die zwei Ehrenplätze auf den Breitwegerich-Blättern neben sich freigehalten. In der vordersten Reihe! Dusselkurt strahlte Egon

an. Der zwinkerte ihm zu. Dabei winkte er heimlich seinem Freund Albi, der am Fenster hinter dem Vorhang hervorspähte. Egons bester Freund wollte sich das Konzert der Krumpflinge natürlich auch nicht entgehen lassen.

Der Himmel färbte sich rosa. Dann wurde er rot, lilapurpur und zuletzt samtig dunkelblau. Ein frischer Windhauch wehte durch das abendfeuchte Gras. Wie von Zauberhand angeschaltet leuchteten rund um die Bühne plötzlich die Glühwürmchen auf. Professor Honigschwamm hob den Taktstock. Die Sänger stimmten sich ein, bis jeder einen anderen Ton gefunden hatte. Und dann begann die schönste Glühwürmchen-Serenade, die Dusselkurt, Egon und sein bester Freund Albi jemals gehört hatten.

Loblied auf Oma Krumpfling

Wer ist schö-schö-schö-schöner noch als Barbie?
Wer ist klü-klü-klü-klüger als der Papst?
Wer ro-ro-ro-ro-rockt die coolste Party?
Wer ist noch nie in eine Falle reingetapst?

Weiß etwa i-i-i-i-immer noch wer nicht,
von wem der Schleimer Schorschi gerade spricht?
Der ist so bimmelbammelblöd wie Butterbrote
Die Antwort liegt doch sicher auf der Pfote:

Oma Krumpfling ist die größte, sie ist greulich und gemein!
Oma Krumpfling ist die böste, trinkt den Krumpftee
ganz allein!

Wer hat viel, viel, viel mehr Fans als Torwart Neuer?
Wer ist eis-eis-eis-eis-eiskalt wie der Mond?
Wen für-für-für-für-fürchten Ungeheuer?
Wer hat noch niemals einen Feind von sich geschont?

Fragt da noch etwa irgendjemand, wer das wär?
Der ist ja dödeldoofer als ein Gummibär!
Jetzt wi-wi-wi-wi-wissen's wirklich alle!
Die A-A-Antwort liegt doch mitten auf der Kralle:

Oma Krumpfling ist die frechste, sie ist furchtbar, ist ein Schreck!
Oma Krumpfling ist die fieste, der frisst niemand etwas weg!
Oma Krumpfling ist die größte, sie ist grausig und genial,
geht es andern Wesen dreckig, ist ihr das pupswurstegal!

Willst du das Lied anhören? Hier kannst du mitsingen:
soundcloud.com/hoerverlag/roeder-loblied-auf-oma-krumpfling

Egon und der Vulkan

„Gruselnudel an Sumpfschnitzel!“, rief Albi in den Ausguss des Waschbeckens. Über die Wasserleitung drang seine Stimme bis in die Krumpfburg im Keller. Dort tönte sie wie durch einen Lautsprecher aus dem großen Duschkopf: „Gruselnudel an Sumpfschnitzel! Notfallalarm!“

Das war der Geheimcode, den Albi und Egon Krumpfling miteinander vereinbart hatten. Schließlich konnten sie ja nicht einfach miteinander telefonieren wie Menschenfreunde. Unten im Keller freuten sich die anderen Krumpflinge über die schönen Schimpfwörter, die sie ernten konnten. Und Egon wusste, dass sein bester Freund ihn dringend sehen wollte.

Aber warum rief ihn Albi denn heute schon so früh am Morgen zu sich? Die Schule fing doch bald an. War Albi etwa krank geworden? Egon beschloss, gleich nach seinem Freund zu sehen, auch wenn er dann selbst zu spät zum Unterricht in der Krumpflingsschule kam. Er war sehr beunruhigt! Doch als Egon ins Kinderzimmer hoppelte, musste er laut loskichern. Albi saß putzmunter im Schlafanzug auf seinem Bett … nur sein ganzes Gesicht war voll mit lustigen roten Punkten.

„Du siehst ja aus wie ein verdrehter Fliegenpilz!“, rief Egon. „Wollen wir Zahlenbilder aus deinen Punkten malen?“

„Deswegen habe ich dich bestimmt nicht gerufen!“, antwortete Albi schlecht gelaunt. „Im Gegenteil. Ich hab gedacht, du könntest mich ein bisschen trösten.“

„Oh krumpfowei, bist du denn traurig?“ Egon hüpfte sofort auf Albis Bett und kuschelte sich in die Armbeuge seines besten Freundes. „Natürlich tröste ich dich. Wozu hat man sonst einen besten Freund?“

Jetzt lächelte Albi ein bisschen. Aber bei Weitem nicht so fröhlich, wie Egon es kannte und liebte. Also kroch er an Albis Arm entlang bis auf seine Schulter und untersuchte die Punkte auf Albis Wange genauer.

„Aus der Nähe sehen deine Pustelblumen aus wie eine rote Sternenkarte. Tun die weh? Und woher kommen sie überhaupt?“

Nun machte er sich doch wieder Sorgen und bedauerte sehr, dass er anfangs über Albi gelacht hatte.

„Nein, die Punkte jucken nicht und tun auch nicht weh.

Sie sind gestern Nachmittag ganz plötzlich auf meinem Gesicht erschienen. Der Arzt sagt, solange nicht geklärt ist, woher sie kommen, darf ich nicht in die Schule."

„Gratuliere!" Egon lachte erleichtert. „Was willst du mehr? Du bist nicht krank und musst nicht in die Schule. Das ist doch prächterlich!"

Aber Albi sah das gar nicht so. „Das ist nicht prächtig, sondern sau … erampferblöd! Ich würde heute nämlich gerne in die Schule gehen."

Egon riss entsetzt die Glupschaugen auf.

„Was? Du WILLST GERNE in die Schule gehen? Dann musst du doch krank sein!"

„Quarktaschenschmarrn, das bin ich nicht." Albi erklärte seinem Freund genauer, warum er so unglücklich war: „Heute macht unsere Klasse einen Ausflug ins Naturkunde-Museum. Frau Brettschneider hat uns bei einer Führung zum Thema ‚Vulkane' angemeldet. Und hinterher darf jedes Kind einen eigenen kleinen Vulkanausbruch basteln! Ich hatte mich schon wahnsinnig auf dieses Experiment gefreut!"

Er musste sich die Augen reiben. Bei dem Gedanken an den verpassten Museumsbesuch wurden sie plötzlich ganz feucht. Taktvoll sah Egon zur Seite, bis sich Albi wieder gefasst hatte.

Währenddessen schmiedete der Krumpfling einen Plan. Beim Stichwort „Vulkan" war ihm nämlich sofort eingefallen, dass Oma Krumpfling gestern selbst wie ein Vulkanausbruch ausgesehen hatte. Ihr war aus Versehen eine Ladung Krumpfteeabfall auf den Kopf gefallen, als sie sich gerade die Haare mit Shampoo wusch. Die Mischung aus Krumpfteeabfall und Haarshampoo hatte daraufhin in allen erdenklichen Rottönen geschäumt und geblubbert.

Egon musste also nur ausreichend Krumpfteeabfall organisieren. Dann konnten er und Albi mit Haarshampoo daraus selbst schäumende Lava panschen!

„Ihr habt doch Haarshampoo zu Hause?", fragte er ganz nebenbei.

„Klar, wieso?", wollte Albi verwundert wissen.

„Ach, nur so", meinte Egon geheimnisvoll. „Wie fändest du es, wenn du und ich uns heute unseren eigenen Vulkanausbruch basteln würden?"

„Wir können vielleicht einen Vulkan bauen. Aus Zeitung und Kleister. Aber das wirklich Spannende ist doch der Ausbruch!", widersprach Albi. „Im Museum haben die Betreuer für solche Experimente richtige Chemikalien. Das kriegen wir selbst nie so hin."

„Alles ist schaffensbar, wenn man einen Krumpfling zum Freund hat! Ich muss nur eine Kleinigkeit besorgen. Das dauert auch nicht lange!" Egon zwinkerte Albi mit einem Glupschauge zu. „Wir zwei basteln den tollsten Vulkan von allen, versprochen!"

Jetzt grinste Albi endlich wieder von einem Ohr zum anderen. Genauso wie es sein sollte!

Wie ein grüner Lichtblitz wieselte Egon zurück zur Müllsammelstelle in der Krumpfburg. Dank Albis großzügiger Schimpfwortspenden waren die Krumpflinge sehr reich und hatten immer große Mengen Tee vorrätig. Dementsprechend gab es auch immer viel Abfall, der nach dem Aufbrühen des Krumpftees übrig blieb. Der Krumpfteeabfall wurde in einer Blechdose gesammelt. Aus dieser Mülltonne wollte Egon jetzt den Teeabfall besorgen. Er steckte seinen Kugelkopf in die Blechdose … und staunte. Die Dose war leer, wie ausgeschleckt. Da klebte nicht einmal ein klitzekleines Klümpchen Krumpfteeabfall auf dem Dosenboden!

„Verkrümelkrumpft!“, zeterte Egon und trat so wütend gegen die leere Dose, dass er sich eine Zehenkralle abbrach.

„Was schimpfstn?“, wollte eine tiefe Stimme direkt hinter ihm wissen.

Egon erschrak so, dass er kopfüber in die Dose fiel. Eine starke Hand packte ihn am Popofell und zog ihn wieder heraus. Sie gehörte Dusselkurt, dem Müllmann der Krumpflinge. Er stellte Egon auf die Fußsohlen und lachte freundlich.

Als Egon wieder wusste, wo oben und unten war, fragte er bekümmert: „Ist der ganze Müll schon weg?"

„Alles weg. Toll, nich?", antwortete Dusselkurt stolz. „Hab ich dir zu verdanken. Die Seilbahn läuft wie am Schnürchen! Damit bring ich den Müll schwabbeldischwubb zum Kompost und hab trotzdem Zeit zum Denken übrig. Das is prima, weil ich ja so langsam denke."

„Unprima ist das!" Egon rang verzweifelt die Pfoten. „Ich brauch ganz dringend Müll!"

Dusselkurt kratzte sich den Kopf. „Wennste Müll brauchst und keiner is da, dann machste eben neuen Müll, is doch ganz einfach."

Da hatte Dusselkurt ausnahmsweise gut und schnell gedacht, das musste Egon zugeben. Bis auf einen Punkt: Krumpfteeabfall macht man ganz einfach aus Krumpfteekrümeln. Aber an Krumpfteekrümel zu gelangen, das wiederum war alles andere als einfach. Denn ihre Krumpftee-Vorratsdose bewachte Oma Krumpfling wie ein Drache seinen Schatz! Trotzdem zögerte Egon keinen Glupschaugenblick.

„Du hast deinem Freund Albi einen krumpftollen Vulkanausbruch versprochen, Egon Krumpfling!“, flüsterte er sich Mut zu. „Also schnapp dir die Vorratsdose! Wird schon schief- und krummgehen!“

Mit einem ziemlich flauen Gefühl im Bauch wuselte Egon zu Oma Krumpflings Wohnhöhle. Dabei musste er auch an der Schulschachtel vorbei. Nach dem Stundenplan hatten die Krumpflinge gerade Unterricht in „Fiese Tricks und Gemeinheiten“. Das flaue Gefühl in Egons Bauch wurde gleich noch ein bisschen flauer. In FTG stand Egon auf einer glatten Eins. Das war die schlechteste Note, die man in der Krumpfschule haben konnte. Dass Egon heute die Schule schwänzte, machte die Sache nicht gerade besser. Aber um nichts in der Krumpfburg wollte Egon das Versprechen, das er Albi gegeben hatte, brechen! Egon trabte weiter über den Hauptplatz. Schon war er bei der Handtasche von Oma Krumpfling angelangt. Lautlos kletterte Egon an der Handtasche nach oben und linste durch die Öffnung. Doch Egon hatte schon wieder Pech: Oma Krumpfling war nicht ausgegangen. Sie schlief auch nicht, wie sonst so oft. Sie war munter wie eine Kaulquappe im Teich und spielte auf ihrem Handy. Dabei lehnte sie mit dem Rücken an der alten Pillenbox, die von ihr als Teevorratsdose umfunktioniert worden war.

„Zisch und knall und platz, du Spatz, hussakrumpfsassa!“, brabbelte sie vor sich hin. Offensichtlich hatte sie einen Treffer gelandet, denn jetzt lachte sie zufrieden. Wie sollte Egon nur an die Vorratsdose kommen? Oma Krumpfling musste zuerst aus der Handtasche gelockt werden, so viel war klar. Egons Blick fiel auf die Fahrradklingel, die am Henkel der Handtasche angeschraubt war. Diese Klingel benutzte Oma Krumpfling als Signalglocke. Läutete sie dreimal, dann mussten sich die Krumpflinge auf dem Hauptplatz versammeln. Und Dauerklingeln bedeutete Ausnahmezustand in der Krumpfburg. Andererseits konnten sich auch Besucher bei Oma Krumpfling bemerkbar machen, indem sie nur einmal klingelten. Egon nahm all seinen Mut zusammen, klingelte … und versteckte sich schnell hinter dem vertrockneten Kaktus, der Oma Krumpflings Garten zierte. Von dort konnte er beobachten, was passierte. Zuerst rief Oma Krumpfling aus der Tasche: „Hört, hört, wer stört?“

Dann erschienen ihre Locken, die sie heute auf längliche Bonbons gedreht hatte und schließlich ihr ganzer Kopf. Misstrauisch sah sie

sich nach allen Seiten um. Nachdem sie niemanden entdecken konnte, murmelte sie: „Kein Schweinebein in Sicht. Da müssen sich meine Löffellauscherchen wohl vertan haben.“

Sie verschwand wieder in der Handtasche. Egon wuselte aus seinem Versteck, läutete erneut und hopste zurück hinter den Kaktus. Diesmal erschien Oma Krumpfling schneller. Sie zog sich auf die Kante der Handtasche und schnüffelte in alle Himmelsrichtungen. Doch Egon hatte sich gut verborgen.

„Seltsam wie Senfsahne“, schimpfte Oma Krumpfling vor sich hin. „Welcher Frechzeck wagt es, mich so reinzulegen?“

Seufzend ließ sie sich wieder in die Tasche plumpsen. Egon zitterte vor Angst wie Wackelpudding. Aber er nahm seinen Mut zusammen und traute sich, ein drittes Mal zu klingeln. Dann versteckte er sich schnell wieder.

Jetzt sprang Oma Krumpfling wie ein Schachtelteufel aus der Tasche direkt auf den Hauptplatz.

„Wenn ich dich erwische, dann gibt es Popoklatsche mit Anlauf von links und rechts!“ Sie rollte wütend mit den Glupschaugen. „Zeig dich, du feiger Klingelscherzkeks!“

„Hier sind wir doch!“ Genau in diesem Moment strömten von allen Seiten Krumpflinge aus ihren Höhlen und kreisten

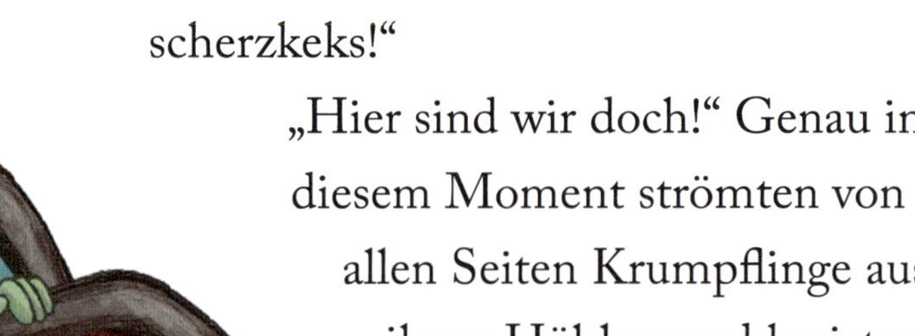

die Chefin aufgeregt ein. Sie dachten natürlich, Oma Krumpfling hätte sie zu einer Versammlung gerufen. Schließlich hatte die Fahrradklingel dreimal gebimmelt!

Das war der Moment für Egon. Da alle abgelenkt waren, witschte er in Oma Krumpflings Handtasche und schnappte sich die Teedose. Asselflink kletterte er damit heraus. Oma Krumpfling hatte inzwischen alle Pfoten voll zu tun, um sich aus dem Tumult zu befreien und das Missverständnis aufzuklären. Egon konnte unbemerkt an dem Krumpflingsauflauf vorbeiwieseln. Und als die Sippenchefin völlig zerzaust zurück in ihre Handtasche kroch, den Diebstahl ihrer Teevorratsdose bemerkte und vor Wut beinahe platzte, da war er auch schon durchs alte Ofenrohr aus der Krumpfburg entwischt!

Doch auch Albi war inzwischen nicht untätig geblieben. In seinem Gesicht leuchteten zwar immer noch die roten Pusteln, aber er fühlte sich pumpernickelgesund. Also hatte er sich an seiner Mutter vorbeigeschlichen, um heimlich alte Zeitungen und Tapetenkleister zu holen.

„Ich hab mir alles genau überlegt. Wir werden den Mauna Loa auf Hawaii nachbauen!“, begrüßte er Egon, als der wieder ins Zimmer kam. „Das ist der größte Vulkan der Erde.“

„Prima, Albi! Hier drin sind genug Teekrümel für den größten Vulkanausbruch der Erde!“ Egon zeigte Albi stolz die Teevorratsdose, die er vor sich her schob. „Am besten, du gießt den Tee gleich mit warmem Wasser auf."

Albi sauste ins Schlafzimmer seiner Eltern, denn da stand eine große Blumenvase mit Pfingstrosen. Weil seine Mutter nicht sehen sollte, dass er ihre Vase ausgeliehen hatte, stopfte Albi die Blumen in den Wäschekorb im Bad. Dann füllte er die Vase randvoll mit warmem Wasser und trug sie ins Kinderzimmer. Ganz vorsichtig, damit möglichst wenig Wasser herausplatschte. Gemeinsam mit Egon ließ er die Krumpfteekrümel aus Oma Krumpflings Vorratsdose in das warme Wasser rieseln. Es färbte sich sofort giftgrün und gallegelb. Ein säuerlicher Geruch stieg auf.

„Hmmm, lauter leckere Schimpfwörter!" Bei diesem Duft lief Egon die Spucke im Maul zusammen. Trotzdem bot er Albi an: „Magst du als erster probieren?"

Albi steckte den Finger in den Krumpftee, schleckte vorsichtig daran … und spuckte sofort aus.

„Igitt! Das ist sauer und bitter und schmeckt wie verdorbener Tofu, der zu lange in der Sonne lag. Das kann man doch nicht trinken."

„Du bist eben ein Kind und kein Krumpfling", stellte Egon fest. „Aber genau deswegen sind wir ja ein so gutes Team."

Dann beugte er sich über den Vasenrand und schlürfte mit einem einzigen langen Zug den ganzen Tee heraus. Als

er fertig war, wischte er sich mit dem Ärmelpelz übers Maul, rülpste wie eine Horde wilder Orang-Utans und rief: „AAAH, ist das köstlich! So viel Krumpftee hatte ich noch nie für mich alleine!"

Am Boden der Vase lag nun eine dicke Schicht aus hellbraunen Klümpchen, die wie Kandiszucker aussahen.

Albi erinnerte sich daran, wie er und Egon sich wegen einer Dose Krumpfteeabfall kennengelernt hatten. Der Krumpfling war damals aus seinem Versteck gekommen, um Albi vor den Nebenwirkungen zu warnen. Denn Krumpfteeabfall macht bei Krumpflingen schlimme Bauchpropeller. Aber Albi hatte sich schon ein Krümelchen in den Mund geschoben und festgestellt, dass die Wirkung bei Menschen eine ganz andere war: Krumpfteeabfall machte herrlich gute Laune. Das war ja auch logisch. Die Krumpflinge brühten alles Schlimme aus den Schimpfwörtern in ihren Tee. Da blieb im Teeabfall natürlich nur das reine Glück übrig!

Doch heute verzichtete Albi gerne darauf, noch einmal von dieser lustigen lol-Brause zu kosten. Sein großes Glück stand auf zwei grünen pelzigen Pfoten vor ihm im Kinderzimmer, machte ihm die allerbeste Laune und deutete gerade mit der Zeigekralle auf Albis Lampenschirm.

„Der da oben hätte genau die richtige Form und Größe“, sagte Egon und schlug vor: „Wir nehmen deinen Lampenschirm als Gerüst für unseren Vulkan, was meinst du?“

Albi zögerte kurz. Dann schob er seinen Tisch unter die Lampe, kletterte hinauf und löste den Lampenschirm von Kabel und Glühbirne.

Der Lampenschirm bildete tatsächlich die perfekte Grundlage, denn als er ohne Kabel und Glühbirne am Boden stand, sah er schon von alleine fast wie ein kegelförmiger Vulkan aus. Die beiden Freunde mussten ihn nur noch mit Pappmaché verkleiden und eine steinige Oberfläche gestalten. Sie arbeiteten fieberhaft. Albi riss die Zeitung in Stücke. Egon durfte sie einkleistern. Dazu wälzte er sich einfach in der Kleister-Schüssel und rollte sich dann wie eine Pelzwalze über das Zeitungspapier. War das ein Spaß! Gemeinsam klebten sie die Papierstücke über den Lampenschirm und formten Felsen, Spalten und in die Öffnung hinein einen schüsselartigen Krater. Der kleine Krumpfling sah innerhalb kürzester Zeit selbst wie ein Zeitungsknödel aus. Und auch auf dem Fußboden pappte überall Kleister. Aber der Vulkan wuchs schnell und war bald schon fertig!

„Er ist zwar noch nicht getrocknet, aber ich will nicht so lange warten. Wir malen unseren Mauna Loa jetzt an!"

Albi nahm die Wasserfarben aus dem Regal, rührte im Deckel graue und schwarze Farbe an und drückte Egon einen Pinsel in die Pfote. Egon wirbelte damit herum wie ein Brummkreisel.

„Pass auf! Der Teppich!", rief Albi. Zu spät.

Die graue Farbe war bereits auf den hellblauen Teppich getropft. Weil Albi so unglücklich guckte, malte Egon schnell viele lustige Fische aus den Tropfen.

„Nun sieht dein Teppich aus wie das Meer. So ist er eh viel schöner!"

Albi musste zugeben: „Das stimmt. Außerdem liegt der Mauna Loa ja im Meer, das passt perfekt. Jetzt kann der Vulkan ausbrechen. Ich bin schon gespannt, ob dein Krumpfteeabfall mit Haarshampoo wirklich so schön blubbert, wie du behauptest."

„Natürlich wird er das!" Egon forderte Albi auf, zuerst den gesamten Krumpfteeabfall in den Vulkankrater zu kippen. Dann sollte der Junge das ganze Haarshampoo, das er schon bereitgestellt hatte, darüber schütten. Albi folgte genau

Egons Anweisungen. Bis auf den letzten Tropfen drückte er die Shampooflasche aus.

„Das ist zigmalvielmehr als Oma Krumpfling auf dem Kugelkopf hatte“, wisperte Egon aufgeregt. „Jetzt müsste unser Mauna Loa gleich ausbrechen!“

Die beiden Freunde hielten vor Aufregung die Luft an. Doch nichts passierte. Nur das Haarshampoo versickerte langsam zwischen den Teeabfallkrümeln. Egon nagte nachdenklich mit den beiden Hackezähnchen auf seiner Unterlippe.

„Siehst du, es braucht eben doch richtige Chemikalien wie im Museum“, sagte Albi enttäuscht. „Und dafür der ganze Aufwand. Mama wird auch nicht begeistert sein, wenn sie die Farbfische auf meinem Teppich sieht. Ich hol besser schon mal einen Putzlappen.“

Er wollte sich gerade abwenden, da rief Egon: „Warte! Die Krümel verändern ihre Farbe!“

Tatsächlich färbten sich die hellbraunen Teeabfälle langsam hellorange. Darauf wurden sie lila und dunkelrot wie ein Granatapfel. Kleine Luftbläschen stiegen nun zwischen den einzelnen Klümpchen an die Oberfläche. Es zischte leise … Und dann konnten Albi und Egon nur noch einen Satz unter den Tisch machen, um sich in Deckung zu bringen. Denn mit einem Mal explodierte der kleine Mauna Loa wie ein echter Vulkan.

Glutrote Brocken von Krumpfteeabfall schossen aus dem Krater und prasselten gegen die Zimmerdecke. Über den Rand quoll glitschige Lava und strömte über den Vulkan auf den Teppich. Egon und Albi konnten es kaum glauben. Sie lachten vor Begeisterung. Es war wie an Silvester. Der Krumpfteeabfall und das Haarshampoo von Rosalie Artich ergaben zusammen die perfekte Mischung. Die Brockenfontäne nahm kein Ende. Minutenlang zischte und spuckte ihr Vulkan in allen Farben und in alle Richtungen. Natürlich nicht heiß, sondern in Zimmertemperatur. Mit so einer Wirkung hatte nicht einmal der Krumpfling gerechnet. Gebannt beobachteten die beiden Freunde das Spektakel, bis der Ausbruch langsam abebbte. Das letzte Zischen verstummte und Albi klatschte in die Hände.

„Oh, Egon! Das war ja noch viel toller als im Museum! Danke dir! Ich bin so, so, so glücklich!"

Doch Albis Glück war nur von kurzer Dauer. Denn gerade als der allerletzte Schwapp Lava im Teppichboden versickerte, kam Albis Mutter ins Kinderzimmer. Egon rollte vom Tisch unter das Bett, um sich zu verstecken.

„Ich habe dir Kamillentee und eine Kleinigkeit zur Stärkung zubereitet, Albispatz! Vielleicht hilft das gegen deine Punkte."

Rosalie Artich balancierte in den Händen ein Tablett mit einer dampfenden Tasse, einem großen Teller voller belegter Brote und einer duftenden Zimtschnecke. Sie stellte es auf Albis Tisch ab. In diesem Moment löste sich ein Klumpen Krumpftee von der Decke und platschte in die Tasse. Frau Artich schaute nach oben, um zu sehen, was da heruntergeflogen war … und prompt platschte ein zweiter Klumpen genau auf ihre Stirn.

„Huch, ich seh wohl nicht recht!“, murmelte sie und rieb sich die Stirn. Doch natürlich hatte sie richtig gesehen: Die gesamte weiße Zimmerdecke war über und über voll mit roten Punkten gesprenkelt. Wie Albis Gesicht!

„Ich fasse es nicht. Albert Artich, was hast du getan?“, rief Frau Artich und taumelte vor Schreck einen Schritt zurück. Dabei stieg sie jedoch mit der Ferse in den Kleistertopf, kam ins Stolpern und fiel rücklings um. Sie landete mit dem Popo genau auf dem Vulkan-Modell. Dort saß sie nun auf dem Mauna Loa wie auf einer Klobrille. Rosalie schaute sich um. Sie beäugte den angemalten Teppich, die rote Lavabrühe, den glitschigen Zeitungsberg, ihre leere Shampooflasche, die Blumenvase ohne Blumen, die nackte Glühbirne und zum Schluss noch einmal die gesprenkelte Zimmerdecke. Und dann begann sie zu schimpfen, wie noch nie in ihrem Leben!

Zu diesem Zeitpunkt hockte Oma Krumpfling jammernd vor dem großen Duschkopf in der Krumpfburg. Dass es ein Krumpfling gewagt hatte, IHRE Teevorräte wegzustehlen war einfach ungeheuerlich!

„Auweioweiowei! Wenn ich diesen Tee-Dieb erwische, dann ziehe ich ihm die Löffelohren lang, bis ich Socken daraus stricken kann“, murmelte sie vor sich hin. Aber wie soll ich ihn erwischen?“

Plötzlich plumpste ein herrliches Schimpfwort aus dem Duschkopf: „Du Matschferkel!“

Oma Krumpfling meinte, sich verhört zu haben. Das war doch die Stimme von Rosalie Artich, der langweiligsten Menschenmutter aller Zeiten! Diese Frau erlaubte ihrem Sohn normalerweise kein Wort, das schlimmer war als Kak-ao oder Kak-tus oder Kak-adu! Und jetzt schimpfte sie plötzlich selbst wie ein Rohrkuckuck!

„Panschkartoffel, Misthaufenkrabbler, Dreckwurm! Du Schmierschnitzel, ich panier dich in deinen eigenen Dreckwürfeln!“

Oma Krumpfling reagierte prompt und hielt einen Eimer unter den Duschkopf. Innerhalb von Sekunden war dieser schon am Überlaufen.

„Gemeiner Mütterschreck!“, passte gar nicht mehr hinein.

„Hihihi, nur weiter so!“, kicherte die Chefin und stopfte sich schnell ins Maul, was sie nicht im Eimer aufsammeln konnte. Mit einem Happs schluckte sie noch „böser Widerwurm" und „ungezogener Fleckenfloh!" Dann ließ sich Oma Krumpfling auf den Rücken fallen und strampelte vor Freude mit Armen und Beinen. „Das ist ja wie Opa-Krumpfling-Propellerflug-Tag, Wein-Nachten und Rupftag zusammen!", schrie sie glücklich. „Aufhören, mir platzt gleich das Wamperl!"

Frau Artich schimpfte trotzdem weiter. So etwas Schreckliches hatte ihr Sohn Albert wirklich noch nie angestellt. Doch irgendwann wurde sie heiser. Und dann fiel ihr keine Beschimpfung mehr ein, die sie Albi an den Kopf werfen konnte.

„Warum hast du das getan?", fragte sie erschöpft. „Ich dachte, wir heißen Artich und sind artig."

„Wir … also ich wollte nur einen kleinen Vulkanausbruch nachstellen. Meine Klassenkameraden im Museum machen heute nämlich auch so ein Experiment", erklärte Albi verlegen. Er kroch vorsichtig unter dem Tisch hervor. „Ich räum gleich alles auf."

„Einen Vulkan-Ausbruch. Nun, das ist dir im doppelten Sinn gelungen.“ Der Ausbruch von Frau Artich schien nun auch vorbei. Sie erhob sich vom platt gesessenen Mauna Loa und strich sich den kleisterverschmierten Rock glatt. Dann ging sie wortlos aus dem Zimmer. In der Tür drehte sie sich noch einmal um und sagte: „Ich muss mir noch überlegen, ob ich deinem Vater von deiner Untat erzähle. Abendessen bekommst du heute keines. Morgen werde ich von deinem Taschengeld weiße Wandfarbe kaufen und die Decke streichen.“

Kaum hatte sie die Tür hinter sich geschlossen, rollte Egon unter dem Bett hervor. Er schämte sich fürchterlich.

„Auweiakrumpf, in was für Schwierigkeiten habe ich dich mit meiner dummdoofeligen Idee gebracht!“

Albi streichelte ihm über den Kopf und lächelte. „Ist schon in Ordnung, Egon. Dafür hatten wir beide den lustigsten Nachmittag miteinander, an den ich mich erinnern kann. Wie die Lava an die Decke geschossen ist, das war einfach sagenhaft!“

„Aber dein Abendessen fällt aus! Du wirst hungern müssen!“ Egon war noch nicht überzeugt. „Ich würde dir ja meinen Semmelknödel abgeben. Doch der ist nur so klein wie eine Murmel und außerdem schwimmt er in Schimmelpilzsauce. Das ist nicht gut für Menschenkinderbäuche, oder?“

„Du brauchst gar nicht mit mir teilen. Ich verhungere sicher nicht. Schau, Mama hat mir vorhin einen Riesenteller mit belegten Broten und eine Zimtschnecke gebracht!“, beruhigte Albi Egon. „Das hat sie über die ganze Aufregung wohl vergessen.“

Er war sehr gerührt, wie viele Gedanken sich sein Freund um sein Wohl machte.

Nun war Egon doch deutlich erleichtert. Gemeinsam räumten die beiden Freunde das Kinderzimmer auf. Die Lavafarbe und sogar die Fische, die Egon auf den Teppich gemalt hatte, konnten sie auswaschen. Das zerquetschte Modell vom Mauna Loa bekam einen Ehrenplatz auf dem Schrank. Dann brachte Albi die Blumenvase zurück ins Schlafzimmer seiner Eltern. Weil die Pfingstrosen im Wäschekorb inzwischen verwelkt waren, bastelte Albi mit Egon drei hübsche Rosen aus Seidenpapier und steckte sie in die Vase.

Nachdem die beiden dann miteinander geschmaust hatten, verabschiedete sich Egon schweren Herzens von seinem Freund. Heute Abend ließ er ihn mit keinem guten Gefühl zurück! Zu groß war seine Sorge, dass Herr Artich seinen Albi auch noch schimpfen könnte.

Da stimmte es ihn auch nicht fröhlicher, dass er in der Krumpfburg wie ein Held empfangen wurde.

„Da ist ja mein krumpfgenialer Zweitliebling endlich!“, grunzte Oma Krumpfling begeistert, als Egon zu seiner

Gießkanne schleichen wollte. „Komm an Omis prallen Bauch, mein Herzischwein!“

Sie packte Egon und quetschte ihn fest an sich. Das tat sie normalerweise nie. Schorschis grünes Fell färbte sich veilchenlila vor Neid. Die Chefin war tatsächlich überzeugt, dass Egon Frau Artich so zum Schimpfen gebracht hatte, um ihr eine Freude zu machen. Sogar Professor Honigschwamm war voll des Lobes.

„Schule schwänzen, Tee stehlen und Rosalie Artich explodieren lassen, das gibt eine glatte Sechs mit Spinne im Fach ‚Fiese Tricks und Gemeinheiten‘. Eine glatte Sechs mit Spinne.“

Er überreichte Egon eine 6-Pfennig-Briefmarke, auf die eine Spinne gestempelt war. Schorschi wurde noch gelber. Aber Egon lächelte schief mit einem Maulwinkel. Und obwohl er zur Belohnung sogar im bequemen Skistiefel Größe 48 übernachten durfte, schlief er in dieser Nacht sehr schlecht.

„Gruselnudel an Sumpfschnitzel! Punkte-Entwarnung!“, tönte Albis Stimme am nächsten Morgen aus dem großen Duschkopf. „Gruselnudel an Sumpfschnitzel.“

Als er das hörte, war Egon nicht zu halten. Er musste unbedingt wissen, was Albi mit

„Punkte-Entwarnung“ meinte. Bei der Gelegenheit wollte er seinem Freund auch gleich etwas geben. Egon zog den Euro unter der Sechs-Pfennig-Marke aus seiner Streichholzschachtel und sauste damit nach oben. Im Kinderzimmer erwartete ihn Albi. Er hatte bereits Straßenkleidung an und packte gerade seine Schultasche. Dabei strahlte er über das ganze Gesicht, das bis auf wenige Sommersprossen völlig frei von Punkten war!

„Ich darf wieder in die Schule!“, berichtete Albi. „Der Arzt sagt, dass ich keine ansteckende Krankheit habe. Es muss eine leichte Allergie gewesen sein!“

Egon sprang auf Albis Tisch und streckte ihm den Euro hin.

„Das freut mich sehr, dass du nun wieder richtig gesund bist! Und für die Wandfarbe sollst du meinen Euro nehmen. Damit du sie nicht von deinem Taschengeld bezahlen musst.“

„Einen besseren Freund als dich kann man nicht haben, Egon! Aber du darfst deinen Euro gerne behalten. Leg ihn nur zurück in deine Schatzkiste. Mama muss gar nicht weißeln.“

Albi zeigte auf die Zimmerdecke. Egon schielte nach oben … und sah nur weiße Farbe! Wie durch ein Wunder waren auch hier alle Punkte verschwunden!

Egon und das Feindschaftsspiel

Heda, Oma Krumpfling!
Wir Mampflinge forderet oich zun Teelöfflhocki-Faindschaftsspiel. Wer verlieret, kochet füa die Gewinna!
Ja oder na? Antworta bald!
Großi Mampfling

In der Krumpfburg herrschte große Aufregung. Großi Mampfling hatte die Krumpflinge zu einem Feindschaftsspiel im Teelöffelhockey herausgefordert! Die Mampflinge waren blaupelzige Verwandte der grünfelligen Krumpflinge. Früher hatten sie in den Kanalrohren unter der Krumpfburg gehaust. Sie waren sehr, sehr arm gewesen, weil die Krumpflinge alle Schimpfwörter für sich allein abgesaugt hatten. Aber inzwischen lebten die Mampflinge neben der Villa Artich im Keller des alten Ehepaars Zoffler. Mit Egons Hilfe hatten sie sich dort eine eigene Mampfburg eingerichtet.

Oma Krumpfling war immer etwas neidisch auf Großi Mampfling, denn die herrschte über eine fast doppelt so große Sippe wie die Chefin der Krumpflinge und hatte sogar

eine eigene Assistentin, die ihr dabei helfen musste. Außerdem gab es bei Zofflers ganz andere, leckere Schimpfwörter, von denen die Krumpflinge nur selten naschen konnten. Aber das Schlimmste war: Auf Großi Mampflings Kopf wuchsen wunderbar dichte Naturlocken, während Oma Krumpfling ihre dünnen Härlein täglich neu auf Lockenwickler drehen musste!

Sollte Oma Krumpfling also die Herausforderung zum Feindschaftsspiel annehmen oder nicht? Eine Niederlage gegen ihre Erzfeindin wollte sie auf keinen Fall einstecken! Sie beschloss, zuerst der Teelöffelhockeymannschaft beim Training zuzusehen. Angespannt watschelte sie am Rand des Teelöffelhockeyplatzes auf und ab und beobachtete ihre Krumpflinge. Es wirkte nicht gerade so, als wüssten die Spieler, was sie da machten! Zwurz verschoss einen Elfmeter und zwickte aus Ärger darüber Fieselise in den Bauch. Die hatte daraufhin keine Lust mehr weiterzuspielen und legte sich ins Tor.

Während der kurzen Pause wieselte Oma Krumpfling aufs Spielfeld. Sie schwenkte den Brief mit der Herausforderung von Großi Mampfling vor Trainer Plerris Schnauze.

„Was denkst du, Plerri, können wir das Feindschaftsspiel gegen die Mampflinge gewinnen? Wenn nicht, sag ich der kraushaarigen Mampfwampe lieber gleich ab. Zum Essen will ich diese Schmarotzinetten nämlich nicht einladen."

Trainer Plerri kratzte sich die haarige Brust unter der Goldkette. „Wir müssen halt ordentlich foulen und schön gegen die Regeln spielen. Dann kann es schon klappen."

Beim Teelöffelhockey muss eine grüne Glasmurmel in die gegnerische Seifenschale bugsiert werden. Dabei dürfen die Spieler sie nur mit dem Teelöffel berühren und nicht mit der Pfote oder dem Fuß. Kloppereien sind dagegen erwünscht. Denn zu den Torpunkten gibt es für jedes Foul am Gegner zusätzliche Faulpunkte und für jede faire Verhaltensweise Strafpunkte!

Um sich Gehör zu verschaffen, pfiff Trainer Plerri durch die Finger. Dann rief er seiner Mannschaft zu: „Auf geht's, ihr lahmen Krumpfis! Wetzt die Teelöffel und schiebt die Kugel halt endlich mal in die Seifenschale! Egon geht für Fieselise ins Feld."

Egon erhob sich sofort von seinem Platz zwischen dem schleimigen Schorschi und

Wobbel. Er freute sich, dass er auch einmal spielen durfte. Normalerweise ließ ihn der Trainer auf der Auswechsel-Bank sitzen. Mit seinem Teelöffel in der Pfote trabte der Krumpfling auf das Spielfeld. Eigentlich wäre Egon kein schlechter Teelöffelhockeyspieler gewesen, denn er konnte schnell sausen und die Spieler der gegnerischen Mannschaft leicht abhängen. Aber vor den wilden Raufereien um die Murmel hatte er ziemlich große Angst. Wenn es ihm gar zu wild wurde, versteckte er sich lieber hinter den anderen Spielern. Und falls er mit der Murmel doch vor das Tor kam, schoss er vor lauter Aufregung meistens an der Seifenschale vorbei.

Egon hatte beim Warten vor sich hingeträumt und wusste nun gar nicht, wo er sich aufstellen sollte. Da passte Zara die Murmel zu Kniff, doch der erwischte sie nicht. Die Murmel rollte Egon genau in dem Moment vor den Löffel, als er sich umdrehte, um Trainer Plerri nach seiner Position zu fragen. Egon berührte sie aus Versehen mit seinem Teelöffel … und mit einem eleganten Schwung flog die Kugel genau ins Tor.

„Krumpfbravo, Egon! Ich wusste doch immer, dass in unserem kleinem Dummtropf mehr steckt, als wir alle denken.“ Oma Krumpfling klatschte begeistert in die Pfoten. „Dann ist ja alles kleisterklar. Wir gewinnen das Feindschaftsspiel gegen die Mampflinge mit Egon als Libero. Ich schreib

dieser eingebildeten Großi sofort zurück, dass wir bei der Party dabei sind. Wir spielen hier, dann haben wir Heimvorteil. Und futtern werden wir dort, der Verlierer muss kochen!"

Die Chefin raste los, noch bevor ihr Trainer Plerri erklären konnte, dass dies erst Egons zweites Zufallstor war, das er in diesem Jahr geschossen hatte.

Etwas später am Tag hockte Egon auf Albis Bett und erzählte seinem Freund, was passiert war.

„Jetzt soll ich Libero sein. Das heißt, ich muss morgen als Verteidiger und Stürmer gegen die Mannschaft der Mampflinge spielen. Dabei bin ich doch gar kein guter Torschütze!"

Albi versuchte, Egon zu trösten. „Bei einem Feindschaftsspiel geht es doch genau wie bei einem Freundschaftsspiel um den Spaß!"

„Bei euch Menschen mag das ja so sein. Aber du kennst Oma Krumpfling nicht", widersprach Egon geknickt. „Wenn ihre Mannschaft verliert, dann kennt die keinen Spaß! Und wenn ich derjenige bin, der die Torchancen verballert, möchte ich nicht in meinem grünen Pelz stecken. Kann ich nicht einfach für immer bei dir wohnen?"

Albi hob den Krumpfling auf die Hand und sah ihn zärtlich an. „Natürlich kannst du das. Allerdings denke ich, die Krumpfburg, deine Sippenmitglieder und ein leckerer Schluck Krumpftee würden dir schon bald fehlen!"

Egon kräuselte die Schnauze. „Ein Krumpflingsleben ohne Krumpftee wäre bitter wie ein Kinderleben ohne Schokolade, das stimmt. Aber was mach ich denn jetzt bloß?"

„Sei mutig und stell dich deiner Aufgabe!", versuchte Albi, ihn aufzumuntern. „Mein Papa sagt immer, dass man an Herausforderungen wächst."

Egon sah an sich herunter. „Ein bisschen größer als 17,3 Zentimeter wäre ich schon gerne! Also gut." Er hopste von Albis Hand herunter auf den Boden und streckte sich. „Dann spiele ich morgen als Egon der Libero!"

„Bravo Egon! Du darfst nur nicht zu viel wachsen, damit du noch in meine Kapuze passt!", rief Albi lachend. „Ich werde dir die ganze Zeit den Daumen drücken!"

Mit so viel Zuspruch von seinem allerbesten Freund ging es Egon gleich viel besser. Albi hatte ihm versprochen, fest an ihn zu denken. Das machte dem Krumpfling Mut! Und so marschierte er am nächsten Vormittag recht munter zum Teelöffelhockeyplatz, wo sich die Mannschaft versammeln sollte.

Seitdem Oma Krumpfling Egon zum Libero ernannt hatte, schien er in der Achtung der anderen Krumpflinge gestiegen zu sein. Sie machten keine Witze über seinen Herzchenfleck. Niemand zwickte ihn oder pupste ihm vor die Schnauze. Wobbel bot ihm zur Stärkung sogar ein Stück fauligen Zunder-Pilz an. Nur Schorschi verschränkte demons-

trativ die Pfoten vor der Brust und setzte sich so herum auf die Auswechselbank, dass er Egon beim Spielen nicht zusehen musste. Auch Trainer Plerri war heute ungewöhnlich nett zu Egon. Er stülpte ihm das Trikot mit der Nummer Fünf über und erklärte ihm noch einmal die Spielregeln: „Es ist halt wichtig, dass du nicht wie sonst davonläufst, wenn ein Gegner dir den Schusser abnehmen will. Die anderen rühren auch nur mit Löffeln. Und beim Zielen immer auf die Schachtel glupschen, nicht in die Wolken. Verstanden?“

Egon nickte. Er hatte gehofft, dass sie sich noch warm spielen würden. Doch da tauchten schon die ersten Zuschauer am Spielfeldrand auf. Unter Fanfarengetröte betraten Oma Krumpfling und Großi Mampfling das Abtropfgestell, das als Ehrenloge diente. Die Haarpracht von Großi Mampfling war wirklich beeindruckend. Professor Honigschwamm konnte gar nicht mehr wegschauen! Dicht hinter Großi Mampfling wieselte ihre Assistentin. Sie trug die Haare zu einem strengen Dutt und einen Notizblock unter dem Arm. Es war ein Aufmarsch, wie bei einem wichtigen Staatsempfang. Als dann die gegnerische Mannschaft mit ihrem Trainer auf das Spielfeld trampelte, bekam Egon wieder zittrige Knie. Bis auf ein kleines vergissmeinnichtblaues Mampfling-Mädchen, das ebenfalls das Trikot mit der Nummer Fünf trug, waren die Spieler der Mampflinge allesamt viel größer als Egon! Und es waren auch einige mehr! Würde er gegen solche Gegner den Erwartungen der Krumpflinge standhalten können? Nur weil er gestern zufällig mal ein Tor geschossen hatte?

Professor Honigschwamm spielte mit der spargeldünnen Lehrerin der Mampflinge Fliflaflu darum, wer Schiedsrichter werden sollte und gewann. Egon überlegte, ob er die Gelegenheit nutzen und abhauen sollte. Doch am Rand drängten sich inzwischen so viele Mampflinge und Krumpflinge, dass es kein Entrinnen gab.

Nun erhob Oma Krumpfling die Stimme: „Rrrruhe!“ Das Gekreische verebbte. Oma Krumpfling fuhr fort. „Na, geht doch. Also, was wollte ich sagen? Ach ja. Nachdem ich die krumpfgeniale Idee hatte, den Teelöffelhockey-Verein der Mampflinge zu einem Feindschaftsspiel herauszufordern …“

Die Assistentin von Großi Mampfling flüsterte ihrer Chefin etwas ins Löffelohr, worauf diese Oma Krumpfling überbrüllte: „Momentamal, Klappe haltet! Idee gehabt habet ich! Ehre gebühret mir.“

Doch Oma Krumpfling beachtete sie nicht. „Bliblablub. Hiermit eröffne ich das Spiel. Möge der Fiesere gewinnen, also wir!“

Bevor sich Großi Mampfling wieder beschweren konnte, pfiff Professor Honigschwamm das Spiel an.

Die Spieler der Krumpflinge riefen ihren Kampfschrei: „Krumpftee ist Krumpftee und Teekrumpf ist Teekrumpf, Brumpf!“

Dann brüllten die Mampflinge: „Mampf, mampf, mampf, wir machen euch gleich Dampf!“

Professor Honigschwamm warf die Murmel in die Mitte und rannte schnell vom Feld, um nicht in die Keilerei zu geraten. Und dann begann das Spiel. Egon duckte sich, um einem Teelöffel auszuweichen, der knapp über seinem Kopf vorbei zischte.

„Herzerldepp, drück dich nicht, drück auf die Tube!“, plärrte Trainer Plerri.

Also rannte Egon los. Einfach im Kreis herum, denn er wusste nicht, wo die Murmel war.

„Mampfinchen, faule Miniwurst, net einschlafa! Sonst ich aus dir macha die Doppelnull!“, schrie die Mampflings-Trainerin. Knall pardautz stolperte Egon über das kleine Mampflingsmädchen, das von der anderen Seite herangestürmt kam. Beide purzelten übereinander und blieben dann ganz verdutzt gegenüber sitzen.

„Ein Faulpunkt für die Krumpflinge!“, jubelte Professor Honigschwamm und machte einen grünen Kreide-Strich auf die Tafel der Krumpflinge. Die Krumpflinge klatschten und jubelten Egon zu, während die Mampflinge buhten und pfiffen.

„Entschuldigung!“, stotterte Egon. Die Krumpflinge stöhnten auf. Für Entschuldigungen gab es einen Punkt Abzug! Seufzend malte Professor Honigschwamm einen roten Kreidestrich. Doch Egon bekam davon kaum etwas mit. Ihm fiel nur auf, dass Mampfinchen veilchenblaulila Glupschaugen hatte …

Sie lächelte ihn an. „Kein Problem seiet. Rempeln gehöra leider zu Teelöffelhockey!“

Mampfinchen stand auf und hielt Egon die Pfote hin, um ihm aufzuhelfen. Jeder andere Krumpf- oder Mampfling hätte natürlich überraschend losgelassen, damit der andere rückwärts umfiel. Aber Egon sah in Mampfinchens wunderhübsche Augen und wusste, dass sie das nicht tun würde. Er spürte ein aufgeregtes Kribbeln im Bauch, als er ihre Pfote nahm und sich helfen ließ. Nun buhten die Mampflinge. Denn jetzt gab es einen Punkt Abzug für faires Verhalten bei den Mampflingen! Professor Honigschwamm zog auf ihrer Seite einen roten Strich.

Egon war ganz verwirrt. War Mampfinchen bei den Mampflingen etwa auch so eine mitfühlende Außenseiterin wie er bei den Krumpflingen?

„Krumpf Egon, jetzt wachs halt nicht am Spielfeld fest!“, forderte Trainer Plerri Egon auf, endlich weiterzuspielen. Egon ließ Mampfinchens Pfote nicht gern los. Aber plötzlich entdeckte er die Murmel, die hinter ihr unbemerkt aus dem grünblauen Spielerhaufen herausrollte. Er rannte auf die Murmel zu, erwischte sie und dribbelte los. Mampfinchen versuchte, ihm die Murmel abzunehmen und jagte hinterher. Sie war schnell wie ein wildes Kaninchen! Doch Egon hatte um eine Pfotenbreite Vorsprung. Vor ihm lag nur die Murmel und das Tor.

„Jetzt ziel gut und blamier dich nicht vor dem reizenden Mampfinchen, Egon Krumpfling!“, flüsterte Egon sich zu, holte mit dem Teelöffel aus … und traf geradewegs in die Seifenschale!

Die Krumpflinge tobten und trampelten vor Begeisterung. „Egon vor, noch ein Tor! Herzchenfleck Mampflingschreck!", brüllten sie im Chor.

Und Oma Krumpfling kreischte lauter als alle: „Und ich hab das Talent von meinem kleinen Egon auf den ersten Glupschaugenblick erkannt!"

Professor Honigschwamm machte einen zweiten grünen Strich auf die Tafel und pfiff dann die erste Halbzeit ab. In der Umkleidekabine, die in einer Waschpulverbox untergebracht war, lobte Trainer Plerri Egon. „Mach halt genauso weiter, dann können wir nur gewinnen."

Zara und Zwurz stritten sich darum, wer Egon seine Wasserflasche geben durfte. Glupschinella ließ sich von Egon ein Autogramm auf die Fußsohle schreiben. Und Fräulein Glemmer kam mit dem kleinen Gaga auf dem Arm, um Egon persönlich zu gratulieren.

„Ogen Krimpflung Tor geschosst!", quakte der kleine Babykrumpfling mit dem Sprachfehler. „Ogen Krimpflung teller Hocht! Gaga Ogen hieb lat!"

Er streckte seine kleinen Ärmchen aus, umarmte Egon fest und gab ihm ein schlabbernasses Schleckerbussi. Da war Egon der glücklichste Krumpfling der Welt!

Nach der Pause ging das Spiel mit vollem Einsatz weiter. Grims und Kniff packten den Torwart der Mampflinge und kitzelten ihn so, dass er nicht mehr auf sein Tor achten konnte. Professor Honigschwamm notierte einen weiteren Strich für gelungene Regelüberschreitung. Danach gab es wieder ein rasantes Duell zwischen den beiden Liberos. Egon überholte Mampfinchen im letzten Moment und erwischte die Murmel. Die Krumpflinge brüllten vor Begeisterung. Oma Krumpfling hielt es nicht mehr auf ihrem Spülschwamm. Sie sprang auf die Pantoffeln und brüllte: „Noch ein Törchen und du wirst mein neuer Liebling, Egon!"

Alle sahen die Murmel schon im Kasten … doch als Egon zum Schlag ansetzen wollte, schnippste der schleimige Schorschi von der Auswechselbank einen Kirschkern aufs Feld. Der Kern traf Egon auf der empfindlichen Schnauze. Das war natürlich Absicht gewesen, denn Schorschi platzte fast vor Neid über Egons Erfolg. Egon zuckte zusammen und verzog den Teelöffel. Ein dicker Mampfling-Verteidiger rollte von rechts heran, rammte Egon wie ein Bergziegenbock und übernahm die Murmel. Als Egon wieder wusste, wo oben und unten war, konnten die Mampflinge bereits ihr erstes Tor und ein gelungenes Foul feiern. Nun standen auf der Tafel drei grüne Striche für den Verein der Krumpfburg und zwei Striche für die Mampflinge und auf jeder Seite ein Strafpunkt. Doch das Spiel war schon fast zu Ende.

„Halt noch schlappe dreißig Sekunden durch, Egon, dann haben wir's geschafft!", rief Trainer Plerri und hob die Daumenkralle zum Zeichen, dass sie den Sieg schon in der Tasche hatten.

Also schnappte Egon sich zwischen zwei tanzenden Mampflingen die Murmel heraus. Schon war Mampfinchen wieder an seiner Seite. Sie war wirklich geschickt! Aber Egon war noch eine igelflohwinzige Idee geschickter. Er schlug einen Haken und hängte seine Verfolgerin ab.

Jetzt sprang Großi Mampfling auf und brüllte über den Platz: „Mampfinchen an alles schuld seia! Wenn wir verliera das seiet mampfgroße Blamage. Mampfinchen schlafa ab izzo in Nachttopf mit Sprung!"

Als Egon das hörte, schob sich eine Wolke über sein Glück. Er wurde gefeiert, dafür bekam das arme Mampfinchen Schelte und eine schlechte Wohnhöhle, weil sie ein Tor verpatzt hatte. Egon dribbelte die Murmel in Schlangenlinien zwischen drei wütenden Mampflings-Verteidigern hindurch. Die Krumpflinge begannen die letzten Sekunden zu zählen. Zehn. Neun. Acht.

Die Mampflinge grölten. „Mampfinchentropf verschwinda in der Nachtsitztopf!"

Sieben. Sechs. Fünf. Da wurde Egon plötzlich wütend. Vier. Drei. Zwei. Es war doch wirklich überall dasselbe, in der Krumpfburg wie in der Mampfburg! Immer hackten alle auf den Kleinen herum. Er rief: „Mampfinchen, Obachtung!“ und schlenzte ihr quer über das Feld die Murmel zu. Mit einer eleganten Drehung verwandelte sie seinen Pass in der allerletzten Sekunde des Spiels in ein Tor für die Mampfinge! Dann kam der Abpfiff. Die Zuschauer stürmten johlend auf das Spielfeld.

„Bei beiden Mannschaften jeweils ein Strafpunkt und drei Pluspunkte. Drei minus eins und drei minus eins ergibt … ähm … unentschieden!“, stellte Professor Honigschwamm fest, als er die Punkte und Strafpunkte gegeneinander verrechnet hat. „Unglaublich. Das gab’s noch nie, solange ich Schiedsrichter bei Teelöffelturnieren bin. Da hat unsere Tropfnase Egon wieder mal alles auf den Kugelkopf gestellt, alles auf den Kopf. Unentschieden, und nun?“

Die Assistentin der Mampflinge meldete sich zu Wort. „Bei Unentscheidung Mampflinge und Krumpflinge Feier macha zusammet!“

„Kein dummer Gedanke", musste Oma Krumpfling zugeben. „Ich sollte mir auch so eine Asseltante zulegen."

„Ich werde dein Assistonkel, wenn ich groß bin!" Der schleimige Schorschi zupfte von hinten an Oma Krumpflings Kittelschürze. „Aber der Egon hat das Spiel verhunzt, der kriegt noch eine Strafe, gell?"

„Unbedingt!", bestätigte Trainer Plerri. „Soll er halt die Semmelknödel für alle Gäste knödeln."

Die Trainerin der Mampflinge bewunderte gerade seine dicke Goldkette. Sie grinste. „Mampfinchen seiet mitschuld an Unentscheidung. Ihre Strafe issa, sie sollet Egon helfa!".

So wurde die Strafe für Egon und Mampfinchen zum reinsten Vergnügen. Die beiden durften nämlich in der Küche des Gasthauses „Zur schimmeligen Morchel" über 150 murmelgroße Semmelknödel formen. Denn jeder Gast sollte zur

Feier des Feindschaftsspiel eine Tasse Krumpfmampf und einen Knödel mit Schimmelpilzsauce bekommen. Mehr als 150 Knödel zu formen, dauert ganz schön lang. Lang genug, um sich viel zu erzählen und noch mehr Spaß miteinander zu haben!

Nach dem Festschmaus wurde die ganze Nacht gefeiert, getanzt und sich gegenseitig ausgetrickst. Erst im Morgengrauen ließen die Krumpflinge ihre blauen Gäste nach Hause ziehen. Oma Krumpfling musste Großi Mampfling versprechen, sie bald ebenfalls zu einem Turnier herauszufordern. Auch Egon musste Mampfinchen etwas versprechen.

„Du mir schreiba?“, fragte sie und blinzelte mit ihren veilchenblauen Glupschaugen, dass Egon sofort wieder weiche Knie bekam und nur nicken konnte.

Aber im Gegensatz zu den anderen Krumpflingen hielt Egon seine Versprechen immer.

Als er allein in seiner Gießkanne war, kramte er sofort den Bleistiftstummel und ein Stückchen Karton hervor. Er musste sehr lange nachdenken, bis ihm die richtigen Worte einfielen:

Liebes Mampfinchen!
Mir geht es gut. Wie geht es dir?
Krumpfgute Grüße von deinem Egon
P.S. Wenn wir uns wiedersehen, werde ich dir meinen allerbesten Freund Albi vorstellen!

Egon zog die Streichholzschachtel aus dem Schlafsack, in der er seine beiden Schätze aufbewahrte. Als er im Dunkel die Schachtel öffnete, schimmerte silbern wie der Mond seine 1-Euro-Münze. Darunter lag die 6-Pfennig-Briefmarke mit Spinne, die er von Professor Honigschwamm für einen tollen gemeinen Trick bekommen hatte. Vorsichtig nahm Egon sie heraus und betrachtete sie stolz. Dann schleckte er sie ab und klebte sie auf die Postkarte. Nach dem aufregenden Spiel und der langen Party war er dackelmüde. Aber Mampfinchen sollte keine Minute länger als nötig auf ihre Post warten. Egon stellte sich vor, wie sie veilchenblaue Glupschaugen machte, wenn morgen schon der

Briefträger-Mampfling zu ihr kam. Also machte er sich noch einmal auf den Weg und wuselte zum alten Starenkasten, in dem das Postamt untergebracht war. Dort stopfte er die Postkarte ins Einflugloch.

Vielleicht würde Egon ja auch bald einen Brief von Mampfinchen bekommen? Mit diesem schönen Gedanken kuschelte er sich kurz darauf in seinen Schlafsack. Er ruckelte und zupfte, bis er richtig zugedeckt und ganz gemütlich unter dem weichen Filz lag. Dabei kam es ihm tatsächlich so vor, als wäre er ein paar Millimeter gewachsen.

„Keine Sorge, aus Albis Kapuze wirst du niemals herauswachsen, Egon Krumpfling", sagte er kichernd zu sich selbst und gähnte. Nun spürte der Krumpfling in allen Knöchelchen, wie erschöpft er sich fühlte. Das war wirklich ein aufregender Tag gewesen. Er hatte Albi ja so viel zu erzählen! Doch zuerst schlief er tief und lange und träumte von einem blaupelzigen Mampflingsmädchen mit der Nummer Fünf auf dem Trikot.

Dumpfzwerg

Rezept für eine Kanne Krumpftee

5 – 8 schön schmackhafte Schimpfwörter
1/4 l Wasser
2 Teelöffel Kandiszucker
Saft von 1 Zitrone

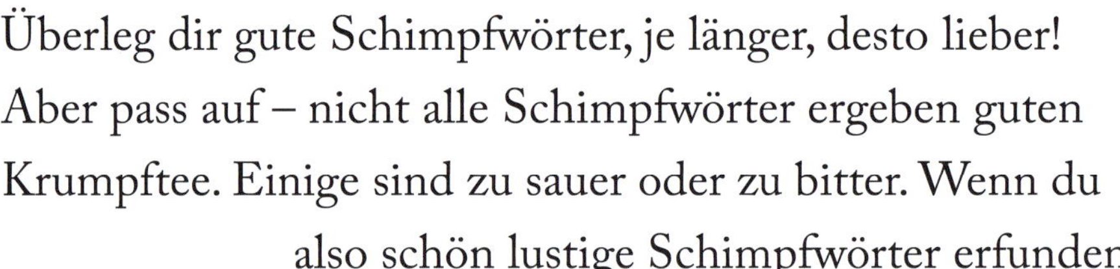

Überleg dir gute Schimpfwörter, je länger, desto lieber! Aber pass auf – nicht alle Schimpfwörter ergeben guten Krumpftee. Einige sind zu sauer oder zu bitter. Wenn du also schön lustige Schimpfwörter erfunden hast, darfst du sie ernten und auf der Wäscheleine gut trocknen lassen. Danach musst du sie mit dem Mörser in kleine Krümel stoßen. Wenn du keinen Mörser hast, kannst du die getrockneten Schimpfwörter auch mit einer Gabel zerdrücken.

Jetzt werden die Krumpfteekrümel mit kochendem Wasser aufgegossen. Hier lässt du dir bitte von deinen Eltern helfen, damit du dich nicht verbrühst! Nach 5 Minuten ist der Krumpftee gut durchgezogen und du kannst ihn ganz nach deinem Geschmack mit Kandiszucker und Zitrone würzen.

Den fertigen Tee gießt du durch ein Sieb in die Tassen. Die übriggebliebenen Schimpfwortkrümel kannst du als Brause lutschen. Aber das dürfen nur Menschenkinder wie du … bei Krumpflingen besteht Bauchpropellergefahr!

Sauerwurzpupspropel

Egon und das ferngesteuerte Auto

Manchmal macht Egon Krumpfling ziemlich großen Quatsch. Bei so einem Manchmal war es dazu gekommen, dass Herr Artich seinem Sohn Albi das ferngesteuerte Auto weggenommen hatte. Diesen Wagen hatte Albi zu Weihnachten bekommen und er war sein liebstes Lieblingsspielzeug.

Nach kurzer Zeit kam Herrn Artich die Strafe selbst etwas übertrieben vor und er gab Albi sein Auto wieder zurück. Da freute sich nicht nur Albi, sondern auch der kleine Krumpfling machte einen Hoppsassa-Glücksprung – denn mit dem ferngesteuerten Auto konnten die beiden Freunde wunderbar zusammen spielen und den krumpfbesten Spaß haben! Sie verabredeten sich sofort für den Samstagvormittag, an dem sie beide keine Schule hatten, im Vorgarten.

Nachdem Albi das Auto aus seiner Schachtel genommen hatte, rieb er mit einem weichen Lappen den roten Lack und die Windschutzscheibe sauber. Dann polierte er das Nummernschild. Ursprünglich war AF-1 darauf gedruckt worden.

Aber Albi hatte mit einem Permanent-Marker aus dem F ein E gemacht und nun stand da: AE-1. A wie Albi und E wie Egon und 1 wie allerbeste Freunde! Als alles schlierenfrei glänzte, stellte er den Schalter auf der Unterseite des Wagens auf „on“ und setzte das Auto vorsichtig auf die Steinplatten auf dem Weg zum Haus.

„Erst die Pfoten abputzen!“, mahnte er Egon. „Sie sind voller Gras und Erde!“

Der Krumpfling rollte mit den Glupschaugen, tat aber, was sein Freund verlangte. Dann kletterte er geschwind auf den Fahrersitz des radieschenroten Sportflitzers und griff mit beiden Pfoten das Lenkrad. „UUUT UUUT MÖP-MÖP!“, hupte er.

Albi hängte sich den Riemen der Fernsteuerung um den Hals und griff das Gerät mit beiden Händen. Mit den Daumen bewegte er die beiden Hebel und setzte so das Gefährt langsam in Bewegung.

Doch Egon ging das zu langsam. „Schneller Propeller!“, verlangte er.

Gerne tat ihm Albi den Gefallen. Er hatte schon vor dem Treffen einen Parcours aus Blumentöpfen aufgebaut und lenkte Egon im Wagen geschickt um die Hindernisse herum. Dabei riss Egon das

Lenkrad wild nach links und rechts, denn er dachte, er würde das Auto selbst steuern. Und um ihn nicht zu enttäuschen, ließ Albi ihn in diesem Glauben.

„Aus dem Weg, Laus und Zeck, hier kommt Egon Straßenschreck!", quietschte Egon. Er fühlte sich wie ein berühmter Rennfahrer! „BRRRRRMM, gib endlich Vollstrom, Albi! WRRMM WRRM! So ein krumpfiger Spaß! Das darf niemalsnimmerlich aufhören!" Dabei flatterten seine Löffelohren im Fahrtwind.

Albi lachte. Er liebte es, seinen kleinen Freund so glücklich zu sehen. Doch kaum hatte das Vergnügen begonnen, sollte es auch schon wieder zu Ende sein.

„Albispatz!", rief Rosalie Artich aus dem Fenster im oberen Stock. „Du musst dich jetzt kämmen und dein Gesicht waschen. Wir wollen doch beim Fotografen deine neuen Passfotos machen lassen! Ich lege dir auch ein sauberes Hemd aufs Bett."

Albi ließ die Fernsteuerung sinken und antwortete seiner Mutter: „Ich komm sofort, Mama!" Beruhigt schloss Rosalie das Fenster.

„Nein, das tust du nicht!", grummelte Egon und schaute so grimmig wie möglich. „Du hast mir gestern versprochen, dass wir heute den ganzen Vormittag zusammen mit deinem Auto spielen."

„Sei mir nicht böse, Egon", entschuldigte sich Albi bei

seinem Freund. „Mama hat mit erst in der Früh gesagt, dass wir heute zum Fotostudio gehen. Wenn ich zurück bin, schenk ich dir auch ein Passfoto von mir!“

„Versprochen, gestochen, Giftrochen! Oder muss ich überkochen und drauf pochen? Dein Spaßfoto kannst du behalten. Ich will jetzt spielen.“

„Wir machen doch kein Spaß-, sondern ein Passfoto für meinen neuen Ausweis“, versuchte Albi zu erklären.

Aber Egon stopfte sich schnell die Zeigekrallen in die Löffelohren um Albi zu zeigen, dass er keine Entschuldigungen hören wollte.

„Autospielen!“, quakte er beleidigt.

Die Fensterflügel öffneten sich wieder. „Albi, wo bleibst du?“, rief Rosalie. „Muss ich dir eine schriftliche Einladung schicken?“

Albi seufzte. Die Enttäuschung seines kleinen Freundes verstand er nur zu gut! Wie oft schon hatten seine Eltern ihm etwas versprochen und es dann doch anders gemacht. Eigentlich wollte er anderen gegenüber niemals so unzuverlässig sein! Aber er war nur ein Kind und konnte in der Familie nicht alles bestimmen. Er bückte sich zu Egon und zog ihm sanft die Krallen aus den Ohren.

„Weißt du was? Wenn du mir versprochen-gekrochen-Sommerwochen hoch und heilig schwörst, dass du nur hier auf dem Grundstück bleibst und nicht auf die Straße fährst, darfst du alleine mit meinem Auto spielen. Ich bin ja nicht lange weg."

Dieser Vorschlag gefiel Egon gut, denn normalerweise gab Albi die Steuerung seines kostbaren Wagens nicht aus der Hand. Er klatschte in die Pfoten.

„Hussakrumpfhurra! Du bist doch der allerfeinbeste Albi! Rennfahrer Egon Rasekrumpf übernimmt das Steuerruder!"

Er sprang elegant aus dem Wagen und wollte nach der Fernsteuerung greifen.

Albi zögerte noch, sie ihm zu geben. „Nicht auf die Straße, hast du das verstanden, Egon?"

Der Krumpfling legte feierlich die Pfote auf den hellgrünen Herzchenfleck in seinem Pelz.

„Der rote Flitzerich und ich bleiben die ganze Zeit ganz bestimmt hinter dem Zaun, ich schwöre es. Sonst will ich niemals wieder dein allerbester Freund genannt werden."

Da zog Albi den Trageriemen über den Kopf und überreichte Egon vertrauensvoll die Fernsteuerung zu seinem Sportwagen.

Nachdem Albi und seine Eltern das Grundstück verlassen hatten, krabbelte Egon mit der Fernbedienung im Schlepptau aus seinem Versteck in den Storchenschnabelstauden hervor. Natürlich wollte er sofort den Wagen starten, aber das war gar nicht so einfach, wie es aussah! Mit seinen kleinen Pfoten konnte er nicht beide Hebel gleichzeitig bedienen. Für einen Krumpfling war die Fernbedienung, die ungefähr die Größe eines Taschenbuchs hatte, ja viel zu sperrig! Also packte er den ersten Hebel mit beiden Pfoten und zog daran. Nichts passierte. Egon zerrte am anderen Hebel. Mit quietschenden Reifen brauste das Auto los. Aber rückwärts und mit Karacho gegen die Mülltonne! Egon kontrollierte sorgenvoll die Stoßstange. Zum Glück war die Mülltonne aus Plastik und hatte keinen Schaden verursacht. So schob Egon den Wagen wieder in die richtige Position und drückte den Geschwindigkeitshebel in die andere Richtung. Einen Augenblick später krachte das Auto mit der Kühlerhaube gegen die unterste Treppenstufe vor dem Hauseingang! Das Nummernschild hatte sich etwas verbogen.

„Ist ja auch kein Wunder, Egon Krumpfling", überlegte Egon laut. „Wenn du nicht im Wagen sitzt und das Lenkrad hältst, dann macht das eigensinnige Auto natürlich, was es will."

Also hievte Egon die Fernsteuerung auf den Treppenabsatz vor der Haustür. Die Antenne zeigte nun genau auf den Wagen, den er in die Mitte der Gehplatten schob. Dann schleppte er ein Holzscheit aus Herrn Artichs Holzstapel heran und schob ihn so auf die Fernbedienung, dass der Geschwindigkeitshebel nach oben gedrückt wurde. Der Motor summte, der Wagen fuhr an. Gleichzeitig sprang Egon mit einem gezielten Satz auf den Fahrersitz. Er packte das Lenkrad. Das Auto brauste schnurgerade auf das Gartentor zu. Doch egal wie Egon das Steuerrad hin und her riss, das Auto blieb auf seiner geraden Spur. Der Krumpfling hatte ja keine Ahnung gehabt, dass beim gemeinsamen Spiel immer Albi mit beiden Hebeln der Fernsteuerung über Geschwindigkeit UND Richtung bestimmte!

„AAAAAAH!", schrie Egon. In seinem Wagen raste er immer schneller auf das Gartentürchen zu. Gleich würde er dagegen prallen. Egon zog den Kugelkopf ein … und fuhr unter dem Gartentor hindurch. Der Holzrahmen des Gartentürchens hatte nur seinen Haarschöppel gestreift! So ein Glück! Oder doch nicht? Das Auto fuhr einfach weiter! Immer geradeaus, über den abgesenkten Gehsteig. Bevor

Egon „Au weia“ flüstern konnte, war es auch schon auf der Straße. Und zu allem Unglück rollte ausgerechnet jetzt der VW-Bus von Familie Vogelsang heran. Egon sah aus dem Augenwinkel Lulus Eltern hinter der Windschutzscheibe. Er sah den Asphalt der Straße vor sich, einen riesigen schwarzen Autoreifen … und tat dann das einzig Richtige: Mit einem Hechtsprung sprang er aus dem ferngesteuerten Sportflitzer und kugelte in die Gehsteig-Rinne. Dort blieb er mit rasendem Herzen liegen. Das war nur um ein Krumpfhaar gut gegangen!

Wirklich? Den Bruchteil einer Sekunde später war ein gräuliches Knirschen zu hören. Egon hielt sich die Pfoten vor die Glupschaugen. Das Geräusch hatte geklungen, wie wenn ein echtes Auto über ein Spielzeugauto fährt. Vorsichtig linste der Krumpfling zwischen den Krallen hindurch. Und tatsächlich: Vogelsangs VW-Bus hatte Albis wunderbaren Sportwagen platt gequetscht und war einfach weitergefahren. Anscheinend hatten die Vogelsangs den Unfall nicht einmal bemerkt!

Egon quietschte verzweifelt. „Wenn Albi sieht, dass du aus seinem Auto einen Pfannkuchen gemacht hast, Egon Krumpfling, dann wird er schwefelsäuresauer auf dich sein! Was tust du denn jetzt nur? Der kaputte Flitzer muss weg, schanzenwanzenschnell. Und ein neuer Sportwagen muss her!"

Egon vergewisserte sich zuerst, dass von keiner Seite ein richtiges Auto herangefahren kam, und wieselte auf die Straße. Der ferngesteuerte Sportwagen von Albi sah wirklich schlimm aus. Die Windschutzscheibe hatte einen Sprung, Kotflügel und Kühlerhaube waren zerknittert wie Papier und die Fahrertür stand in einem ganz und gar unmöglichen Winkel nach oben. Wenigstens waren die Räder soweit in Ordnung, dass Egon den Wagen gut schieben konnte. Er rollte ihn zurück auf den Gehsteig. Artichs Buchenhecke schien ihm vorläufig ein gutes Versteck zu sein. Albi durfte den Totalschaden auf keinen Fall sehen. Denn eines war für Egon klar wie Klabauterspucke: Er musste seinem Freund einen neues ferngesteuertes Auto besorgen. Und er wusste auch schon, wie. Schließlich war er Besitzer eines kostbaren Schatzes!

In seiner Streichholzschachtel hütete Egon eine echte, silberne Euromünze! Mit dieser wollte er für Albi ein neues ferngesteuertes Rennauto kaufen. Am besten dasselbe Modell, sodass der Junge den Unterschied gar nicht bemerkte!

Egon schoss wie eine Rakete in die Krumpfburg zurück. Ein bisschen schwer wurde es ihm schon ums Herz, als er die Streichholzschachtel aus dem Schlafsack zog und die Euromünze herausholte. Nun war seine Schatzkiste ganz leer. Eigentlich hatte Egon den Euro gespart, um für seinen Freund Albi eines Tages ein tolles Geschenk zu kaufen. Wenn er jetzt damit das neue Auto bezahlte und heimlich gegen das kaputte austauschte, würde Albi gar nicht merken, wie großzügig Egon gewesen war. Und das war ziemlich schade.

„Aber was sein muss, muss sein!", bestärkte sich der Krumpfling selbst. „Immerhin geht es um das Glück deines besten Freundes."

Mit der Münze unter dem Arm und machte er sich auf zu Xaris Spielekiste. Er kannte den Weg, denn Egon hatte Albi schon mehrmals begleiten dürfen, wenn der Junge sich für sein Taschengeld dort etwas aussuchte.

Unterwegs überlegte sich Egon, wie das Geschäft vonstattengehen sollte. Er konnte ja nicht offiziell einkaufen, wie Albi es tat. Herr Xari würde vor Schreck sicher mausetot umfallen, wenn ein Krumpfling auf die Ladentheke sprang, ein rotes ferngesteuertes Auto verlangte und es dann bezahlte. Egon musste anders vorgehen. Er wollte den Euro auf die Theke legen, dann das Auto nehmen und nach Hause schieben. Ungefähr so wie in einem Selbstbedienungsladen. Bei dem Gedanken zögerte er.

„Dann könntest du eigentlich deinen kostbaren Euro auch behalten und das Auto trotzdem mitnehmen, Egon Krumpfling!" Schnell zog er sich selbst am Löffelohr. „Aber das wäre ja geklaut! Und klauen darf man nur in der Krumpfburg! Außerdem ist deine Freundschaft mit Albi jeden Euro der Welt wert!"

So hüpfte er den Gehweg entlang und machte sich Gedanken über die Freundschaft. Am Ende der Straße bog er in den Brünnleinpark ab. Hier fiel er im Grün nicht mehr so auf und konnte sich etwas entspannen, obwohl einige Hunde mit ihren Menschen unterwegs waren. Aber die dummen Fell-Pupser mussten zum Glück an der Leine gehen! Der Krumpfling zupfte sich im Weitergehen ein Gänseblümchen ab und steckte es sich hinter das Löffelohr, als plötzlich ein roter Sportwagen vor ihm über den Rasen schoss. Egon erschrak so, dass er rücklings auf den Popo plumpste. Der Wagen machte eine scharfe Kurve und verschwand zwischen den Primeln im Beet. Egon schnappte nach Luft. Das war doch Albis ferngesteuertes Auto gewesen? Ohne eine einzige Delle. Ein Wunder! Mit der Pfote fasste Egon sich an die Stirn. War er zu lange in der Sonne gelaufen und hatte nun einen anfallartigen Hitzefieberwahn? Nun hörte Egon ein Summen wie von einem Bienenschwarm ... da kam der rote Wagen tatsächlich wieder hinter der Buchsbaumkugel hervorgerast! Der Krumpfling verstand, dass es sich um keine Erscheinung handelte. Denn hinter dem Busch tauchte diesmal auch der Auto-Besitzer mit einer Fernsteuerung auf. Ein kleiner Junge mit unfreundlichem Gesicht: Gottlieb Kurz! Egon kannte den Buben genau. Es war der selbsterklärte Erzfeind von Albi, der mit ihm in dieselbe Klasse ging. Gottlieb mochte seinen eigenen Namen nicht und bestand darauf, dass man ihn Götz nannte. Das hatte Albi mal vergessen. Seitdem piesackte Götz Albi so sehr, dass Egon schon mit in die Schule gekommen war, um seinem Freund zu helfen. Wo Götz war, waren auch seine beiden besten Freunde nicht weit. Tatsächlich kamen Maxi und Lukas nun von der anderen Seite des Weges herbeigelaufen.

„Hey! Der Wagen ist megacool, Alter!“, stellte Lukas bewundernd fest.

„Klar. Ist ja auch meiner“, antwortete Götz stolz. „So einen können sich andere gar nicht leisten.“ Egon wuselte durch die Wiese und beobachtete die drei interessiert.

„Darf ich ihn auch mal lenken?“, bat Maxi. Als Götz zögerte, setzte er nach. „Bitte, Chef!“

Götz grinste gönnerhaft und gab Maxi die Fernsteuerung. „Aber pass gut drauf auf. Ich habe in Xaris Spielekiste 50 Euro dafür gezahlt!“

Als Egon das hörte, wurde er blau und gelb und rosa vor Schreck. 50 Euro? Der Krumpfling war im Fach „Zum-eigenen-Vorteil-Rechnen“, nicht besonders gut, aber so viel wusste er trotzdem: 50 Euro sind 50 mal viel mehr als ein Euro! Das wäre so, wie wenn jeder Krumpfling der Krumpflingssippe einen Euro in seiner Schatzkiste hätte und alle ihr Geld auf einen Haufen werfen würden. Eine unfassbare Menge Geld! Und so viel hatte Götz für das rote Auto gezahlt?

„Nen ganzen Fuffi, krass Alter!“ Lukas war anscheinend auch ziemlich beeindruckt.

„Tja, wer kann, der kann.“ Götz ließ Maxi nicht aus den Augen, der den Sportwagen sehr vorsichtig den Weg entlangsteuerte. Egon drehte unglücklich seinen Euro in den Pfoten. Er hatte geglaubt, dass er reich wäre. Sein Euro hatte doch eine so schöne silberne Farbe! Und nun musste er erfahren, dass er davon nicht einmal den Kofferraumdeckel eines selbstgesteuerten Autos kaufen konnte!

„Gib mal die Steuerung her, jetzt will ich!“ Lukas klopfte Maxi auf die Schulter.

Der wackelte unter dem unerwarteten Stoß mit der Fernsteuerung. Sofort legte sich das Auto in die Kurve und schrappte am Fuß einer Parkbank entlang.

„Spinnst du? Pass auf!“, schrie Götz. Er rannte zu seinem Wagen und untersuchte ihn genau. Anscheinend konnte er nichts entdecken. „Da hast du aber nochmal Glück gehabt!“, sagte er wütend zu Maxi. „Ein einziger Kratzer im Lack und ich knete dir eine Affennase, dass du aussiehst wie Albert Artich!“

Als Egon das hörte, wäre er dem fiesen Götz am liebsten auf den Kopf gesprungen, um ihn ins Ohr zu beißen! Wie konnte der hässliche kleine Kerl es wagen, so gemeine Sachen über seinen Albi sagen! Doch Egon durfte sich nicht zeigen. Also überlegte er, ob er wenigstens das ferngesteuerte Auto von Götz zerkratzen konnte. Aber dann kam ihm plötzlich eine Idee. Eine krumpfgeniale Idee, wie sie Oma Krumpfling nicht besser hätte aushecken können …

Egon rannte zurück zur Villa Artich. Er rannte so schnell, dass die Leute, die ihn vorbeihuschen sahen, dachten, eine Windböe würde eine Handvoll Gras vorbeiwehen. Erst unter der Buchenhecke an Artichs Zaun hielt er inne. Das kaputte Auto von Albi stand noch da. Dafür war sein Euro weg! Egon musste ihn unterwegs verloren haben. Egal.

Damit hätte er sowieso kein neues Auto bezahlen können. Und er hatte ja einen viel besseren Plan!

Egon packte Albis Auto mit beiden Pfoten und zog es unter der Hecke heraus. Dabei kam es ihm ganz gelegen, dass ein Buchenzweiglein abriss und sich in der verbogenen Tür verhängte. So konnte er den kleinen Wagen unbemerkt von Menschen in den Brünnleinpark schieben. Denn wer genauer hinsah, musste denken, eine Windböe würde eine Handvoll Gras und ein paar Buchenblätter über den Gehweg wehen!

Im Brünnleinpark traf Egon nur noch Götz und Lukas an. Offensichtlich hatte Maxi die Lust verloren und war nach Hause gegangen. Nun durfte Lukas die Fernsteuerung bedienen. Er lenkte den Wagen sehr gekonnt auf dem Hauptweg entlang. Nachdem Egon die Lage überblickt hatte, versteckte er den kaputten Wagen von Albi unter einem Busch neben der steinernen Statue von diesem Musikkompostierer mit dem seltsamen Namen Schubsert. Der kleine Krumpfling schwitzte unter seinem grünen Pelz vor Anstrengung und Aufregung. Denn jetzt kam der gefährlichste Teil! Egon legte sich neben Götz im hohen Gras auf die Lauer und beobachtete ihn und Lukas.

„Lenk ihn zurück", bestimmte Götz. „Ich bin jetzt wieder dran!"

„Gleich", murmelte Lukas. Er wollte die Fernsteuerung nicht abgeben.

Egon fasste all seinen Mut zusammen und rief laut: „Gottlieb Kurz, Minifurz!"

„Wie hast du mich genannt?", fragte Götz empört.

Lukas schaute gar nicht auf. Er hatte nichts gehört. Das Spiel mit dem ferngesteuerten Auto verlangte seine ganze Aufmerksamkeit!

„Bist mir schnurz, Kurziwurz!", schrie Egon.

Da wurde Götz wütend. Mit seinem Namen machte niemand blöde Witze!

„Jetzt reicht's mir aber! Gib mir die Fernsteuerung. Sofort!"

Obwohl Lukas größer und stärker war, stürzte sich Götz auf ihn. Doch Lukas wollte zu gerne weiterspielen und gab die Fernsteuerung nicht ab. Während die beiden miteinander um das Gerät rangelten, fuhr das rote Auto in unkontrollierten Schlangenlinien auf die Statue zu. Egon schickte ein Stoßgebet zu Opa Krumpfling in den Himmel. Und es half. Alles klappte wie am Schnürchen! Der Sportflitzer verfehlte die Statue knapp und eierte ins Gebüsch. Nicht weit von der Stelle, wo Egon Albis zermatschtes Auto geparkt hatte. Egon zischte wie ein Blitz hinterher. Er packte Götz' Auto und schob es, so schnell er konnte, weit unter den Busch. Dann stellte er den Schalter auf der Unterseite auf „off". Gleich darauf zerrte er das kaputte Auto von Albi direkt vor den Steinsockel der Statue.

Inzwischen hatte Götz sich bei der Rauferei durchgesetzt. Er war zwar kleiner, aber er kämpfte mit unfairen Methoden wie Zwicken und Kratzen. Außerdem musste Lukas zugeben, dass das Auto ja Götz gehörte – und der auch darüber bestimmen durfte. Götz übernahm also die Fernsteuerung und wollte sein Auto zurückholen. Natürlich kam es nicht, denn Albis Wagen war ja völlig demoliert. Und der Wagen von Götz unter dem Busch war ausgeschaltet und konnte kein Signal empfangen.

„Siehst du, jetzt ist der Akku leer!", zeterte Götz. „Wir müssen nach Hause und ihn wieder aufladen." Er lief zur Statue, um das Auto zu holen ... Und brach in Tränen aus, als er sah, in welchem Zustand es war!

„Krass", flüsterte Lukas, der ihm gefolgt war. „Voll der Totalschaden. Wie kommt das denn?"

„Weil du, vollbetropster Obertrottel, meinen Flitzer gegen den Steinsockel gesteuert hast", heulte Götz.

„Das warst du schon selber, Alter", wehrte Lukas ab.

„Den Schaden musst du mir bezahlen, Trottelolm!"

„Muss ich gar nicht, du Kurzware!"

Egon rieb sich kichernd die Pfötchen. Die beiden Dummbacken hatten Albi schon so oft geärgert. Die hatten es wirklich nicht besser verdient! Während Götz und Lukas einen erneuten Streit begannen, bedeckte Egon das unbeschädigte Auto von Götz zur Tarnung mit ein paar Blättern, rollte er es aus dem Busch heraus und brachte es pfeifend zur Villa Artich. Er schob es unter dem Gartentürchen hindurch, genau bis vor die Treppe. Gerade als er alle Tarnungs-Blätter wieder heruntergezupft hatte, hörte Egon die Stimmen von Albi und seinen Eltern nahen. Er begutachtete den Wagen kurz von allen Seiten und verkroch sich dann höchst zufrieden zwischen den Storchenschnabelstauden.

Nicht einen einzigen Kratzer hatte der rote Lack!

„Ich wusste doch, dass ich mich auf dich verlassen kann“, sagte Albi, nachdem er wieder allein mit Egon im Vorgarten war.

Egon war sehr stolz auf sich. Er hatte Albis Vertrauen nicht enttäuscht. Wie sich Götz jetzt fühlte, wollte er sich allerdings nicht so genau vorstellen. Denn dann hätte ihm der Junge möglicherweise doch leidgetan, obwohl er ihn nicht mochte.

Bevor sie wieder mit dem ferngesteuerten Auto spielten, zeigte Albi dem Krumpfling seine neuen Passfotos. Sie waren sehr hübsch geworden. „Möchtest du eines oder nicht?“

„Natürlerich!“, sagte Egon. „Das lege ich in meine Schatzkiste! Da ist ja jetzt genug Platz drin.“ Er verbesserte sich schnell: „Also, da ist immer genug Platz für dich drin, wollte ich sagen!“

Dann sprang er auf den Fahrersitz. „UUUT UUUT MÖP-MÖP!“ Albi verstand das Signal und griff zur Fernsteuerung. Egon hielt für einen Augenblick die Luft an. Würde die Fernsteuerung von Albi auch bei Götz' Auto funktionieren? Sie funktionierte.

Die beiden Freunde spielten den ganzen Nachmittag, genauso wie Egon es sich gewünscht hatte. War das wieder ein Spaß! Erst als es Zeit fürs Abendessen war, nahm Albi den kleinen Putzlappen zur Hand und bat Egon auszusteigen. „Schade“, seufzte der.

„Alles hat ein Ende, nur die Wurst hat zwei", erwiderte Albi lachend. „Wir spielen morgen wieder. So lange du willst! Wenn meine Eltern uns keinen Strich durch die Rechnung machen." Dann hob er sein Auto hoch, um den Schmutz abzureiben.

Egon klemmte sich das Passfoto unter den Arm. „Okidoki, bis morgen, Albi! Ich pack's jetzt."

Doch Albi antwortete nicht. Er polierte gerade das Nummernschild. Plötzlich stockte er und runzelte die Stirn. „AF-1?", murmelte er verwundert.

Verdammelkrumpft. Das Nummernschild! Warum hatte Egon nur vergessen, dass Albi darauf den einen Buchstaben verändert hatte?

„Tschau Miau, Wauwau und bis Baldrian!" Plötzlich hatte er es sehr eilig, in den Keller zu kommen.

„Moment mal!" Albi stellte abrupt das Auto auf den Boden und packte Egon am Schlawittelfell, bevor der sich davonmachen konnte. Er hob ihn auf die Hand und sah ihm streng in die Augen. „Warum steht auf dem Nummernschild AF-1?"

Egon zuckte mit den Schultern. „AF-1. Hm. Steht das für Albi und Fegon vielleicht?" Er kicherte unsicher. „Oder für Albi und Freund Nummer 1?"

„Raus mit der Sprache! Das ist gar nicht mein Auto, stimmt's?" Die Stimme von Albi klang so überzeugt, dass Egon hellblau vor Verlegenheit wurde.

„Rot ist rot und Flitzer ist Flitzer. Hauptsache, es fährt. Ist doch egal, ob es genau deines ist."

Jetzt wurde Albi so wütend, wie ihn Egon noch nie erlebt hatte.

„Das ist überhaupt nicht egal. Du sagst mir sofort, wo mein Auto ist und woher dieses kommt! Sonst ist es aus und vorbei mit unserer Freundschaft."

Wenn Egon etwas gar nicht gut konnte, dann war es lügen. Und seinen Freund anlügen, das konnte er überhaupt nicht. Deswegen beichtete er Albi schließlich alles, was am Vormittag passiert war. Vom Holzscheit auf der Fernbedienung über seine rasante Fahrt unter dem Gartentürchen hindurch auf die Straße, dem Unfall und Egons Plan, für seinen Euro ein neues Auto zu kaufen.

„Und jetzt ist der Euro irgendwo im Gras, sodass ich ihn nicht mehr finden kann, und der Blödi Götz hat ein kaputtes Auto und denkt, dass er es mit Lukas selbst kaputt gemacht hat", gestand Egon kleinlaut.

„Ich habe dir doch gesagt, dass du nicht auf die Straße fahren sollst. Du bist ja komplett verrückt!", rief Albi. Er setzte Egon etwas unsanft auf der Treppe ab, griff sich Götz' ferngesteuertes Auto und lief los. „Ich bringe Götz sein Auto zurück. Bevor ich ein gestohlenes Auto habe, habe ich lieber kein Auto mehr!“, rief er und war auch schon weg.

Vor Schreck stand Egon wie erstarrt. So aufgebracht hatte er Albi noch nie erlebt.

„Und ich habe keinen Freund mehr, fürchte ich“, flüsterte er entsetzt.

Das war das Ende ihrer Freundschaft. Albi würde ihm das kaputte Auto und die Lügen nie verzeihen! Egon hatte alles kaputt gemacht. Traurig legte er das Passfoto von Albi und das Gänseblümchen in den leeren Karton des ferngesteuerten Autos. Dann kroch er hinter die Mülltonnen und musste so weinen, dass die Tränen rechts und links aus seinen Glupschaugen spritzten.

Götz wohnte nicht weit weg. Albi stellte ihm das Auto vor die Haustür, klingelte und rannte schnell davon. Die genauen Umstände, wieso Götz nun Besitzer eines kaputten UND eines ganzen Modells war, wollte er seinem Erzfeind lieber doch nicht erklären. Hauptsache, Götz hatte sein funktionierendes Auto wieder.

„Egon?“, rief Albi, als er wieder in den Vorgarten kam und den Krumpfling nicht gleich entdeckte. Egon lugte hinter der Tonne hervor, aber er traute sich nicht, sich bemerkbar zu machen. Albi würde ihm doch nur die Leviten lesen und dann die Freundschaft kündigen, das war gewiss.

Seufzend nahm Albi den Autokarton auf. Wie traurig er aussah, als er in die leere Schachtel schaute. Plötzlich entdeckte er durch die Klarsichtfolie sein Passfoto.

„Egon wollte das Foto doch mit in die Krumpfburg nehmen?", fragte er sich verwundert. Er holte das kleine Bild aus der Schachtel heraus und drehte es nachdenklich zwischen den Fingern. „Egon?", rief er ein zweites Mal. „Egon, mein Freund? Wo bist du?"

Albis Stimme klang ängstlich. Oder täuschten sich Egons Löffelöhrchen und er hörte nur, was er gerne hören wollte?

„Hier", antwortete Egon schüchtern und trat zwischen den Mülltonnen hervor.

Da kniete sich Albi vor ihn auf den Boden. „Hast du mir einen Schreck eingejagt! Ich dachte plötzlich, du wärst ärgerlich auf mich, weil ich das Spiel beendet habe, und für immer verschwunden."

Er nahm ihn auf die Hand und strich ihm über den Kopf.

„Ja, bist du denn gar nicht böse wegen des Autos?", fragte Egon unsicher.

„Ich? Aber nein! Das Auto ist doch ganz und gar unwichtig. Hauptsache, dir ist bei dem Unfall nichts passiert! Du bist doch das Wichtigste, was ich habe! Das dumme Auto ist nur aus totem Blech. Du dagegen lebst … zum Glück!"

Da wurde Egon bergseeblau vor lauter Freude. Und er machte etwas, was er noch nie getan hatte. Er gab Albi ein

dickes Schmatzbussi auf die Nasenspitze. Unter Freunden kann man das schon aushalten.

Als der kleine Krumpfling an diesem Abend in seine Gießkanne kroch, zog er als erstes seine Schatzstreichholzschachtel heraus. Sie war ganz leer. Keine Reißnägel, kein Euro, keine 6-Pfennig-Briefmarke befanden sich darin. Nur grauer Karton. Aber dann legte Egon das Foto von Albi hinein. Es passte so genau in den Schachtelboden, als wäre es dafür zugeschnitten. Jetzt lächelte Albi aus seiner Streichholzschachtel heraus, wann immer Egon sie öffnete. Er schob sie ein paarmal auf und zu. Aber dann schloss er den Deckel über dem größten Schatz, den ein Wesen auf dieser Welt haben kann: einen allerbesten Freund!

Das Krumpfburg-Lexikon

Albert Artich, genannt Albi – beinahe zu braver Menschenjunge, der mit seinen Eltern Rosalie und Bertram Artich in der Villa Artich lebt. Sein bester Freund ist Egon Krumpfling!

Bazi – stinkeliger Dackel von Familie Vogelsang

Chefin – oberste Bestimmerin der Krumpflinge

Dusselkurt – Müllmann der Krumpflinge. Lebt in einem alten Olivenölkanister. Ist sehr stark, aber nicht besonders schlau.

Egon Krumpfling – kleiner Krumpfling mit seltsamem Fell (→Herzchenfleck) und krumpfuntypisch viel Mitgefühl für andere Lebewesen.

Fräulein Glemmer – Bibliothekarin in der Krumpfburg. Passt mehr oder weniger gut auf die elf pfotengeschriebenen Bücher auf (wenn sie sich nicht gerade die Krallen lackiert)!

Freundschaft – bedeutet, dass sich zwei Lebewesen gern haben und ohne Eigennutz füreinander einstehen.

Bei den Krumpflingen ist Freundschaft nicht verbreitet, da sie bis auf eine Ausnahme (→Egon Krumpfling) kein Mitgefühl empfinden.

Gaga – das Krumpflingsbaby verwechselt Buchstaben, weil es von unserem Tollpatsch Egon mit Buchstabensuppe gedüngt wurde (→Rupftag, Krumpfnuss). Für einen Teller Suppe würde es jederzeit abhauen.

Herzchenfleck – herzförmiger, hellgrüner Fleck auf der Brust von Egon Krumpfling. Für diesen wird der kleinste der Krumpflinge oft ausgelacht und mit Spottnamen wie „Herzchenfleck – Krumpflingsschreck" bedacht.

Krumpfburg – Heimat der Krumpflinge im Keller der Villa Artich. Die Krumpfburg ist angelegt wie eine richtige Burg, mit Turm, Mauer und Eingangstor. Allerdings bestehen die Gebäude aus altem Gerümpel.

Krumpfling – Krumpflinge sind meerschweinchenkleine grünpelzige Wesen, die sich heimlich im Keller der Villa Artich eine Burg aus Gerümpel (→Krumpfburg) gebaut haben. Sie essen Schimmelpilze und schlabbern schmackhaften Krumpftee, den Oma Krumpfling (→Chefin) aus Menschenschimpfwörtern braut. Besonders nett sind sie nicht zueinander, denn ein Krumpfling lernt schon im Krumpfkindergarten, ordentlich gemein zu sein und andere zu ärgern. Einzige Ausnahme: Egon Krumpfling mit dem herzförmigen Fleck im Fell. Er besitzt nämlich, was all seinen Artgenossen fehlt – ein mitfühlendes Wesen. Und er hat noch etwas, was sonst kein Krumpfling kennt: einen ALLERbesten Freund (→Albert Artich, Menschenkind)!

Krumpfnuss – Krumpfnüsse werden sehr selten gefunden. Sie müssen in Erde gepflanzt und mit einer speziellen Nährlösung gedüngt werden. Wird dies sachgemäß durchgeführt, können nach einiger Zeit kleine Krumpflinge geerntet werden (→Rupftag)

Krumpftee – Lieblingsgetränk der Krumpflinge. Krumpftee wird aus Menschenschimpfwörtern gebrüht, die überwiegend aus dem großen Duschkopf in der Krumpfburg geerntet werden. Die ausgelaugten Reste sind für Krumpflinge unverträglich (→Pupspropeller, →lol-Brause)

lol-Brause – der bei der Teeproduktion zurückbleibende Krumpfteeabfall ähnelt Kandiszucker. Dieser wird von Müllmann Dusselkurt auf dem Komposthaufen der Familie Vogelsang entsorgt. Der Krumpfteeabfall ist für Krumpflinge absolut unverträglich (→Pupspropeller), wirkt auf Menschen allerdings erheiternd, da er aus reinem Glück besteht. Daher wird er von Albi auch lol-Brause (lol ist das Kürzel für „laughing out loud“, laut auflachen) genannt.

Mampflinge – blaupelzige, entfernte Verwandte der Krumpflinge, die zunächst in der Kanalisation unter der Krumpfburg gelebt haben. Dank Egon Krumpfling besitzen sie nun eine eigene Mampfburg im Hause Zoffler. Ihre Chefin heißt Großi Mampfling.

Oma Krumpfling – oberste Chefin der Krumpflinge. Sammelt Handtaschen und liebt Handyspiele und Schimpfen. Ihr liebstes Schimpfobjekt ist Egon. Berühmt ist ihre umfangreiche Auswahl an Lockenwicklern, wie z. B. Schrauben, Tintenpatronen oder Fahrrad-Ventile.

Opa Krumpfling – ist nach dem Genuss von zu viel Krumpfteeabfall (→lol-Brause) in den Himmel geflogen und auf Nimmerwiedersehen verschwunden. Das behauptet zumindest Oma Krumpfling.

Pilze – in jeder Form, besonders Schimmelpilze sind das Lieblingsgericht der Krumpflinge.

Professor Honigschwamm – Lehrer der Krumpflingsschüler, krumpfgenialer Erfinder und Buchautor.

Rupftag – da Krumpflinge aus speziellen Nüssen (→Krumpfnuss) wachsen, werden sie geerntet. Diesen Tag nennt man „Rupftag“.

Schorschi, der schleimige – Liebling von Oma Krumpfling und Klassenstreber. Heißt mit vollem Namen Hans-Georg.

Teelöffelhockey – Lieblingssportart der Krumpflinge. Dabei wird mit Teelöffeln eine Murmel auf Tore aus Seifenschalen gedroschen. Fouls sind von Trainer Plerri mehr als erwünscht.

Wein-Nachten – Feiertag der Krumpflinge am 24. Dezember, wenn die Menschen Weihnachten feiern. An Wein-Nachten ärgern sich die Krumpflinge so lange gegenseitig, bis einer weint. Dies ist normalerweise Egon Krumpfling.

Zara und Zwurz – Zwillinge, lobenswert gemeine Mitschüler von Egon Krumpfling.

Aus: Professor Honigschwamm, Alles über die Krumpflinge, ergänzte, pfotengeschriebene Ausgabe 2017

BIS BALD
EUER
EGON

Egon Krumpfling zu Besuch bei seiner Autorin Annette Roeder …

Egon: Hallo, Autorin! Albi ist übers Wochenende bei seiner Tante in München. Da hab ich die Mitfahrgelegenheit genutzt, um mal bei dir vorbeizuschauen. Schließlich hast du mich ja erfunden und bist so etwas wie meine Mama!

Annette: Das ist ja nett! Leider habe ich keinen Krumpftee zu Hause. Aber magst du etwas zu essen? Vielleicht finden wir in der Obstschale eine schimmlige Zitrone.

Egon: Hm, lecker, richtig schön grünblaustaubig! (sieht sich um) In deinem Häuschen schaut's ja lustig aus, alte Möbel und viele Bilder an den Wänden. Ein bisschen wie bei Vogelsangs. Aber was ist das? Ein HUNDEKÖRBCHEN! Igitt!

Annette: Das gehört Karli. Meine Kinder sind gerade mit ihm Gassi.

Egon: Da habe ich ja Glück gehabt! Obwohl ich deine Kinder ganz gerne kennengelernt hätte. Helfen die dir eigentlich beim Geschichtenausdenken?

Annette: Klar! Ohne die drei wäre ich aufgeschmissen. Wenn ich nicht weiterweiß, frage ich einfach einen von ihnen.
Die haben immer lustige Einfälle.

Egon: Soll das heißen, unsere Krumpfburg ist nur erfunden und das ganze Gerümpel gibt es gar nicht in Wirklichkeit? Darf ich mal deinen Keller sehen?

Annette: (wird rot) Ähm. Ich glaube, die Kinder kommen bald mit dem Hund zurück. Vielleicht ist es besser, wenn du jetzt wieder gehst … (schiebt Egon Richtung Tür) Besuch mich doch bald wieder … und grüß mir Oma Krumpfling!

Egon: Mach ich. Kannst du mir den Rest der Zitrone einpacken? Die ist wirklich lecker!

„Schaut mal, was ich schon alles erlebt habe: Lauter krumpfgute Abenteuer! Viel Spaß beim Lesen! Euer Egon"

(ISBN 978-3-570-15858-6)

(ISBN 978-3-570-15859-3)

(ISBN 978-3-570-17090-8)

(ISBN 978-3-570-17123-3)

(ISBN 978-3-570-17262-9)

(ISBN 978-3-570-17284-1)

(ISBN 978-3-570-17344-2)

(ISBN 978-3-570-17395-4)

(ISBN 978-3-570-17477-7)

Idiot
Mist
4